Next 教科書シリーズ

刑事法入門

船山 泰範 編

弘文堂

はしがき

　本書は、刑事法の基礎を学ぶと共に社会の根本問題を考えて頂くことを意図して編まれた本である。したがって、刑法哲学入門と名づけた方が内容に即しているかもしれない。先生方には、研究されている領域や関わってこられた分野、そして目指している課題に関して執筆をお願いした。その意味で、論文集といってもよいだろう。

　刑事法の分野は、人権と国家権力とが対峙することがあるため、議論が喧しい。一方で、人間の赤裸々な姿が顕れることもある。これから刑事法を学習しようとする方々には、本書を繙きながら、人間存在の実際を観察し、かつ法制度のあり方を考察して頂きたい。

　司法のさまざまな場面で国民が参加するようになりつつある時代において、最も大切なことは、われわれの人間関係である文化がどのようなものであるかである。たとえば、死刑を存置させるのは、刑法という法律ではなく、それがないと不安で仕方がない人々の文化なのではなかろうか。それでは、文化を成り立たせるものは何かといったら、その社会が歴史的に育んできた人間の営みなのである。その点で、法を学ぶことは文化を学ぶことにつながるはずである。

　以上の意味で、本書は、法律学を学習する最初のセメスターで学んで頂く基本書たることを狙いとしている。先生方にはこの場を借りて御礼を述べ、さらに、皆でオムニバス方式の授業をお願いしたい。そして、きめ細かく編集して頂いた世古宏さんに感謝申し上げる。いずれの日か、同じメンバーで、刑法哲学を上梓するべく、研鑽を積みたいと思う。

　　　　　　　　　　　　　　　　　　　　　平成26年　侘助咲く頃

　　　　　　　　　　　　　　　　　　　　　　　船　山　泰　範

目　次　Next教科書シリーズ『刑事法入門』

はしがき…iii

略語表…x

■第Ⅰ部■　規範として国民に求められること…1

第1章　法規範と「世間」の相克…3

1　本稿の目標…4

2　これまでの「法学」による社会規範論…5

　A. 4つの社会規範…5
　コラム　捨身飼虎…7
　B. 社会規範を比較する意味…7　　C. 全貌を捉えているか…10

3　「世間」に気づかなかった法学…10

　A.「もの言えぬ原則」がある…10　　B. 法学が講じなかった理由…11
　C.「世間」の行動原理…12

4　刑事法と「世間」の衝突…12

　A.「世間」が法規範を無力化している例…12
　B. 法規範は「世間」に改革を迫る…13

5　「世間」の性質を考察する…14

　A.「世間」は善悪の判断基準に関係しない…14
　B.「世間」は「超社会規範」…15
　C. ダブル・スタンダードの国…15

6　法にとっての課題…15

　A.「世間」を含んだ社会規範の再構成…15
　B. 法規範と「世間」の相克を乗り越える…16
　C. 法律学を学ぶ意義の明確化…17

　　● 知識を確認しよう…18

第2章　刑法の制定と解釈、判例法の形成…19

1　刑法は誰が何に基づいて制定するか…20

　A. 刑法の制定…20　　B. 刑罰の特質と刑法を制定する者…21

2　どのような行為を犯罪とするか…22

　A. 刑法の謙抑性・補充性の原則…22　　B. 刑罰の感銘力…23

　　　　C. 犯罪の意義…24
　3　刑法の解釈…29
　　　　A. 法解釈の必要性…29　　B. 刑法において許される法解釈—拡張解釈…31
　　　　コラム　拡張解釈と類推解釈…32
　4　判例法の形成…32
　　　　A. 判例の法源性…32　　B. 判例変更と罪刑法定主義…33
　　　●知識を確認しよう…34

第3章　企業犯罪を考える…35

　1　企業犯罪とは…36
　　　　A. 企業活動と企業犯罪…36　　B. 企業犯罪を処罰する法律…37
　2　両罰規定…37
　　　　A. 両罰規定の形式と処罰範囲…37　　B. 両罰規定の変遷…39
　　　　C. 両罰規定における法人の刑罰…40
　3　法人の処罰根拠…40
　　　　A. 法人の犯罪能力…40　　B. 法人の刑事責任、企業の刑事責任…43
　4　刑罰と他の法的制裁の関係…45
　　　　A. 刑罰以外の法的制裁…45　　B. 課徴金…45
　　　　C. 企業犯罪に対する刑罰の在り方…47
　　　　コラム　事故原因の究明と責任者の処罰…48
　　　●知識を確認しよう…50

第4章　組織犯罪に備える…51

　1　はじめに—組織犯罪とは…52
　2　戦後の組織犯罪とその規制…52
　　　　A. 暴力団関係の組織犯罪とその規制…52
　　　　B. テロ関係の組織犯罪とその規制…55
　　　　C. 組織犯罪対策関連三法による組織犯罪の規制…57
　　　　D. 9・11アメリカ同時多発テロとテロ対策関連三法…58
　3　組織犯罪の特徴…59
　　　　A. 高度の犯罪遂行能力…59　　B. 抑止の困難性…60
　　　　コラム　ヤクザには法律関係ない？…61
　4　組織犯罪対策の特徴…63
　　　　A. 刑法の保障原則をないがしろにする危険性…63
　　　　B. 市民生活に影響を及ぼす可能性…63
　5　おわりに—「組織犯罪に備える」とは…64

A. 組織犯罪の"被害者"にならないように備える…64
B. 組織犯罪の"加害者"にならないように備える…64
C. 組織犯罪規制により人権が侵害されないように備える…65

- 知識を確認しよう…66

■第Ⅱ部■　国に対して求めること…67

第5章　国家が刑罰を科せるわけ…69

1　犯罪と刑罰…70
　　A. 総説…70　　B. 刑罰の進化…70
　　コラム　その後の忠臣蔵…73

2　国家の刑罰権…74
　　A. 国の果たすべき役割…74　　B. 刑事司法における正義とは何か…74
　　コラム　条約改正…77

3　国家の刑罰権の限界…82
　　A. 概説…82　　B. 国際関係における政治権力の優先…83

- 知識を確認しよう…84

第6章　死刑を行うのは犯罪的なことではないか…85

1　死刑制度を論じることの問題点…86

2　死刑という刑罰…86
　　A. 現在の死刑制度…86　　B. 死刑執行数の現状…89

3　死刑制度と最高裁判所判例…89
　　A. 死刑制度の合憲性について…89
　　コラム　絞首刑という執行方法は残虐か…90
　　B. 死刑の適用基準について…91

4　国際社会の動向…92
　　A. 世界の国々の死刑存廃に関する動向…92
　　B. 死刑に関する国際連合の動向…92

5　死刑存廃論の検討…93
　　A. 死刑存置論と廃止論のそれぞれの論拠…93　　B. 主な論拠の検討…94

6　死刑廃止への道…99

- 知識を確認しよう…100

第7章 どうしたら真相解明ができるか…101

1 真相解明のための課題…102
2 刑事訴訟法の目的と実体的真実主義…102
   A. 実体的真実主義…102
   B.「真相解明」の意義と方策―担い手の在り方…103
   コラム　今に生きる『レ・ミゼラブル』の「罪と罰」…105
3 真相解明の道筋…106
   A. ある事件捜査の過程から―推理小説を読む如く…106
   B. 本事件の「真相解明」における捜査上の問題点…108
4 被疑者の取調べとデュー・プロセス…112
   A. わが国の刑事手続の特徴点…112
   B. 真相解明に向けた取調べとその可視化…113
5 真相解明と刑事手続の担い手の今後の課題…115
   ● 知識を確認しよう…116

第8章 検察審査会と裁判員制度…117

1 刑事手続への市民参加制度…118
   A. 司法制度改革審議会の意見書…118
   B. 刑事手続への市民参加制度についての具体的提言…118
2 検察審査会制度…119
   A. 検察審査会制度導入の経緯と問題点…119
   B. 現行検察審査会法（改正後の検察審査会法）…121
   C. 強制起訴制度の導入後の問題点…125
3 裁判員制度…126
   A. 裁判員制度の導入の意義…126
   コラム　公判前整理手続と裁判員制度…128
   B. 裁判員制度の概要…129　　C. 裁判員制度の課題…131
   ● 知識を確認しよう…132

■第Ⅲ部■　国民がなすべきこと…133

第9章 更生に役立つ刑罰とは…135

1 罪を犯した者に対する刑事制裁…136
   A. 民事責任と刑事責任…136　　B. わが国の刑罰制度、および刑罰法規…136
   C. 刑法と少年法―過去に対する責任と将来の人生…137

2 刑務所…137
   A. 概要…137　B. 受刑者処遇の原則…138
   C. 外出・外泊および外部通勤作業…140　D. 刑務所が抱える問題…141

3 少年院・少年刑務所…142
   A. 概要…142　B. 少年院における処遇の内容…143
   C. 少年刑務所…143　D. 問題点…145
   コラム　刑務所見学のすすめ…145

4 更生と刑罰…146
   A. 犯罪者の「更生」に対し懐疑的なこの時代…146
   B. 刑罰目的論において「更生」はどう捉えられているか…147

5 刑罰は犯罪者の「更生」にどう役立つべきか…148
   ● 知識を確認しよう…150

第10章　われわれは犯罪者を受け入れよう…151

1 社会内処遇の意義…152

2 社会内処遇の担い手…152
   A. 社会内処遇の機関と担い手…152
   B. 社会内処遇（保護観察）の担い手…153
   コラム　何故若い人が少ないのか、なり手が減っているのか…154

3 社会内処遇の実務…155
   A. 仮釈放…155　B. 保護観察…157　C. 更生緊急保護…162

4 試験観察…164
   A. 試験観察の目的と種類…164　B. 試験観察の処遇内容…165
   C. 試験観察の期間…165　D. 試験観察の課題…165
   ● 知識を確認しよう…166

第11章　われわれが果たすべき責任とは何か…167

1 責任刑法…168
   A. 責任主義、責任刑法とは…168　B. 責任と刑罰の関係…169

2 社会は犯罪を行った者を排除しようとする…170
   A. 社会的な排除…170
   コラム　日本における世間…172
   B. 責任刑法の功罪…172

3 社会への包摂…176
   A. 社会的包摂…176　B. わが国における包摂の試み…177

4　社会と個人によって果たされる責任…180
　　A.社会のつとめ…180　　B.本当の意味での責任とは…181
　●知識を確認しよう…182

■第Ⅳ部■　育てる…183

第12章　模擬裁判による法育…185

1　法育の目的…186
　　A.法育とは何か…186　　B.家庭と法育…186
　　C.学童期から法育が浸透すれば…187
2　裁判員制度が始まって…188
　　A.法律に触れる機会…188　　B.自分で判断する機会…188
3　法育の実践…189
　　A.解説付き裁判傍聴…189　　B.施設参観…189　　C.模擬裁判…189
　　コラム　模擬裁判の効果（児童・生徒に起きた変化）…192
4　文部科学省新学習指導要領との関連性…194
　　A.道徳教育の目標…194　　B.教育に欠かせないもの…194
　　C.違法行為が行われた時にわかる…196　　D.法律は誰のものか…197
5　法育は社会を変える…197
　●知識を確認しよう…200

参考文献…201

事項・人名索引…204

判例索引…208

略語表

法令名 (五十音順)

外為法	外国為替及び外国貿易法
官製談合防止法	入札談合等関与行為の排除及び防止並びに職員による入札等の公正を害すべき行為の処罰に関する法律
刑	刑法
刑事収容	刑事収容施設及び被収容者等の処遇に関する法律
刑訴	刑事訴訟法
刑補	刑事補償法
憲	憲法
検審	検察審査会法
更生	更生保護法
裁	裁判所法
裁判員	裁判員の参加する刑事裁判に関する法律
少	少年法
組犯法	組織的な犯罪の処罰及び犯罪収益の規制等に関する法律
団体規制法	無差別大量殺人行為を行った団体の規制に関する法律
通信傍受法	犯罪捜査のための通信傍受に関する法律
テロ対策特別措置法	平成十三年九月十一日のアメリカ合衆国において発生したテロリストによる攻撃等に対して行われる国際連合憲章の目的達成のための諸外国の活動に対して我が国が実施する措置及び関連する国際連合決議等に基づく人道的措置に関する特別措置法
道交	道路交通法
独禁	私的独占の禁止及び公正取引の確保に関する法律
破防法	破壊活動防止法
法人	法人税法
暴力団法	暴力団員による不当な行為の防止等に関する法律
麻薬特例法	国際的な協力の下に規制薬物に係る不正行為を助長する行為等の防止を図るための麻薬及び向精神薬取締法等の特例等に関する法律

判例

大判	大審院判決
最判（決）	最高裁判所判決（決定）
高判（決）	高等裁判所判決（決定）
地判（決）	地方裁判所判決（決定）

判例集

刑集	最高裁判所刑事判例集、大審院刑事判例集
判時	判例時報

刑月 刑事裁判月報
民集 最高裁判所民事判例集

百選9版 井上正仁＝大澤裕＝川出敏裕編『刑事訴訟法判例百選〔第9版〕』
別冊ジュリスト203号（有斐閣、2011）

第Ⅰ部

規範として国民に求められること

第1章　法規範と「世間」の相克

第2章　刑法の制定と解釈、判例法の形成

第3章　企業犯罪を考える

第4章　組織犯罪に備える

第1章 法規範と「世間」の相克

本章のポイント

1. 法規範がどのようなものであるかを理解するために、他の社会規範との比較がなされている。従来は、慣習、道徳、宗教、法律が並べて説明されていた。
2. わが国の実態を観察すると、それだけでは説明しえない現象が見えてくる。これまでの4つの分類に含まれず、しかも、人の行為の選択にあたって強い影響力を有するものがある。それは、「世間」という日本独特のきまりである。
3. 法は、明るい社会の実現を目指して作られたものである。その法が「世間」に阻害されて働きにくいとすれば、どんな衝突があるかを明らかにした上で、どうしたら法を機能させることができるかを模索しなければならない。なぜなら、法規範と「世間」の相克を乗り越えることで人間の尊厳を再確認することができるからである。

1　本稿の目標

　これから法律を学ぶ人々に、法がどのような性質を持っているものかを理解して頂くために、法と他の社会規範との比較をする。これこそが、法学の第一歩である。

　私達の社会は、法のみによって動かされているわけではない。朝起きたときの挨拶に始まり、身だしなみを整えて家を出るのは、社会生活の基本ルールである慣習（習俗）に沿うものである。電車に乗れば、身体の不自由な方に席を譲るという道徳に則ることが要請される。宗教は人の生活態度について「かくあれ」と命ずること（仏教では「慈悲」[1]ある態度）もある。自動車の運転をする人は、道路交通法という法律を守らなければならない。以上の慣習、道徳、宗教、法律が社会規範と呼ばれるものである。

　加えて、これまでの「法学」が触れてこなかったか、見過ごしてきた「きまり」が存在する。とくに、その「きまり」は法規範と衝突する場合がある。一例をあげよう。犯罪を行なって裁判を受け、懲役刑に服した人が、刑期を終えて出所したとき、本人は最も反省をした状態であるはずで、社会からの支援があれば、出所者の社会復帰に効果があろう。ところが、世の人々の多くは出所者を「危険な人」として差別し、受け入れようとしない。そのため、就職も見つからず、再出発は困難になる。差別をする人々の態度は何がもたらすのであろうか。慣習、道徳、宗教、法律のどれもが「差別しろ」とは命じていない。否、反対である。更生保護法人や児童自立支援施設を運営する人々の多くが宗教者であることは、その証左といえよう。では、社会復帰を志す者を差別する力は何か。それは、自分達は犯罪者になることはありえず、犯罪者を自分達の社会から排除すれば済むと考えている「世間」の姿勢である。「世間」は強い力を持っていて、更生保護法人を地域社会から追い出すことさえもできる。

　法規範が機能するよう進めるためには、なぜ「法学」が「世間」を見過ごしてきたかを明らかにするところから始める必要がある。本稿の目標は、法規範と「世間」の相克を乗り越えるためにはどうしたらよいかを考察することである。

2 これまでの「法学」による社会規範論

A　4つの社会規範
[1] 社会規範の意義・特色
(1)　法がその中に含まれている社会規範とは、人間が社会生活をするにあたって守らなければならない規則・ルールのことである。「契約は守らなければならない。」という民法上の基本原則は、契約が結ばれると、それに基づいて権利義務関係が発生し、守られなかった場合に、社会生活上支障が出てくることによる。

(2)　社会規範は、「守られないことがある」ところに特色がある。その点は、最も広い意味でのルールに含まれる自然法則との大きな違いである。自然法則は、一定の条件があれば必ず一定の結果が発生するという必然的な法則である。たとえば、純粋な水は1気圧の下において、100℃で沸騰し、0℃で凍る。これに対し、「殺意をもって人を殺してはならない。」という道徳上も法律上も認められている社会規範はときどき破られる。わが国では、「殺意をもって人を殺すなかれ」という規範が、毎年、ほぼ1千百件ほど破られていることが、犯罪統計上明らかである[2]。

(3)　社会規範は、守られなかった場合に、何らかの手段・方法によって守らせようとする働きかけがなされる社会統制手段である。服装の慣習を破ると、その場で非難されたり、後に仲間外れにされたりする。法に違反した場合には、国による法的制裁を受ける。証拠裁判主義を例にすると、証人がうそをついたのでは、裁判所が事実認定を誤る可能性があるため、対抗策がとられる。手続面では、証人がうそをついたとしても、反対当事者は反対尋問において証言の真偽を吟味し、その中でうそを看破すべきであるし、裁判所としても、他の証拠と照らし合わせて、真実を見極めるべきではある。ただし、法曹関係者の苦労だけに任せるわけにはいかないので、刑法は、宣誓した証人の場合、虚偽の陳述をしたときは偽証罪として処罰することにしている（刑169条）。

[2] 行為規範と組織規範・技術規範

　社会規範には、行為規範と組織規範の区別がある。ここまで掲げた例はいずれも、人間が行為をするときに守るべき行為規範である。これに対し、法規範の中には、組織をどう構成するかを規定した組織規範がある。

　組織規範の大きな例は、国権を、国会（憲41条）、内閣（憲65条）、裁判所（憲76条）に分けて、権力集中による横暴を抑制しようとする三権分立がある。内閣の下にどのような省庁を置くかについては、国家行政組織法が組織規範として定めている。そのほかにも、国として統一基準を置いておく必要から、計量法や計量単位令（平成4年政令357号）が規定されている。1メートルは計量単位令の別表第一[3]に見ることができる。

[3] 4つの社会規範の内容

　慣習（習俗）は、社会生活における基本的なルールであり、挨拶のしかた、服装の慣習、食事の作法などに関わる種々のものがある。冠婚葬祭に関わることは、今日でも厳格に遵守が求められる。

　道徳は、社会人として生きていく上において守るべきルールであり、対人関係や人としてあるべき姿など、社会生活全般に関わる。慣習に比べると、倫理性を帯びている点で、守ることに緊張を強いられることもある。たとえば、学生が授業中に教室に出入りするときは、軽く会釈することが、私は道徳規範として存在していると思うが……。

　宗教を社会規範の中で取り上げるのは断り書きが必要と思われる。というのは、宗教の本体は絶対者に対する帰依であり、絶対者に救済を求めるところに本質があるからである。ただし、宗教を信じる者も社会生活をする中で、宗教規範から人間はいかにあるべきかを教示されることにより、社会規範としての側面を感じるのであろう。なお、宗教上の規範には相当に高いレベルのものがある（コラム「捨身飼虎」参照）。

　法律は、社会規範の中でも、最も意識的に作られるものである。制度としては、国会において議論をした上で、衆・参両議院で可決すれば、「法律」となる（憲59条）。法律として成立すると、公布されて国民に示され、法規範となるのである。法律が新たに制定されるのは、その必要性があり、かつ国民的コンセンサスが得られることが前提となる。たとえば、男女の平

等は、憲法14条1項において「性別」によって差別されてはならないと規定されているから、実現してよさそうに思われるが、実社会における実現はなかなか困難である。そこで、近年、「男女共同参画社会の形成の促進に関する施策の推進を図っていくことが重要である」（法前文）との視点から、男女共同参画社会基本法（平成11年法78号）が制定されている。

> **コラム　捨身飼虎**
>
> 学生　宗教のどういうところが社会規範になるのか教えてください。
> 教授　修学旅行で法隆寺に行ったことがあるでしょう。法隆寺の国宝の1つに玉虫厨子がありますが、覚えていますか。
> 学生　はい。今は本物と全く同じように製作したレプリカもあって、玉虫の羽の色がきれいなのを覚えています。
> 教授　厨子には4面に仏教説話が描かれていて、いずれも釈尊の前世物語からの絵です。その1つに、捨身飼虎の図があります。1つの絵の中に物語が展開されている「異時同図法」が用いられています。
> 学生　「しゃしんしこ」って、何ですか。
> 教授　虎の親子が飢えているのを見て、釈尊が崖の上から身を投げて餌食となったという話です。言わんとすることをそのまま体現することは困難ですが、他者のために犠牲になることを人間のあるべき姿の1つとして示しているとすれば、意味のないことではないでしょう。
> 学生　それにしても、随分と高いレベルの規範ですね。

B　社会規範を比較する意味
[1]　基準の違いとそれぞれの役割

　4つの社会規範の役割の違いから、基準が異なる。「カルネアデスの板」は、もともと、古代ギリシャの哲学者カルネアデスが、道徳と法の期待する基礎的な基準に違いがあることを明確にするために呈示したものである。

　事例は、船が難破して2人の船員が波間に漂っているとき、小さな板切れが流れてきて、一方が他方を溺れさせて、自分だけ板切れを掴んで助か

った場合に、許されるか否か、道徳と法で判断に差があるか、というものである。道徳は、人間としていかに生きるべきかを示す規範であることが期待される。一般の人々が守れるかどうかに拘束されることなく、基準を打ち立てることができる。したがって、道徳上の規範からすれば、自分だけ助かろうと思って他人を殺害することは許されない。これに対し、刑法は、一般の人々がどの程度だったら守れるか考慮し、一般の人々が守れることなのに違反した場合、制裁を科すことを目的とする。一般の人々といったらどの範囲を指すかわかりにくいかもしれないが、私は、8・9割の国民と考えてよいと思う。一般の国民が上述の状況に置かれたとき、どのような行為を選択するであろうか。自分だけ助かろうと思って他者を溺れさせて、板切れを確保しようとするのが一般の国民であろう、と私は思う。すなわち、生き残った船員は道徳上は非難されるが、法律上は非難されない。無罪である。しかも、この考え方は、長い時間をかけて承認されており、刑法37条は緊急避難として、犯罪に当たらないことを認めている。

[2] 法以前に道徳が働いている

　刑法の罰条の多くは、法以前に道徳などによって規範が守られていることを前提として規定されているといってよい。「他人の物を盗んではならない。」という規範は、基本的道徳であるし、子どもは幼い頃から親によって躾られる。「うそつきは泥棒の始まり」という諺は、2つともいけないこととして子どもに要請されることを意味している。

　一般に道徳規範が機能していることから、刑法典上の犯罪については、禁止規範や命令規範を格別に規定することなく、違反行為がなされたら罰する、という条文の成り立ちになっている。犯罪であるかどうかが一目瞭然とはいえない行為については、刑法典上においても要件を明示することにつとめている（たとえば、背任罪についての247条）。特別刑法においては、まず、何が禁じられるのかを規定した上で、後ろの方に、どのような刑罰に科せられるかを規定している。たとえば、道路交通法65条1項は、「何人も、酒気を帯びて車両等を運転してはならない。」という禁止規範を置いている。罰則は、2段構えになっていて、65条1項に違反して車両等を運転した者が、①酒に酔った状態にあったときは、5年以下の懲役または100

万円以下の罰金になり（道交117条の2第1号）、②身体に政令で定める程度以上にアルコールを保有する状態[4]にあったときは、3年以下の懲役または50万円以下の罰金になる（道交117条の2の2第1号）ことになっている。

[3] 悪法かどうかを判断する基準となる

　ある法が悪法かどうかを判断する基準となるのは、法以外の社会規範による。国民の行為規範として存在する道徳に反する法律が制定されたとすれば、手続的・形式的に整っていたとしても、「法は正義の実現」であるべきという実質的観点から、許されない。たとえば、警察官が国民に犯罪を唆して犯罪をさせることを規定した法律があるとすれば、「他人に犯罪を唆す」のは道徳上許されないことであるから、「悪法」として排除されるべきである。警察官は、犯罪が起きないように予防するのが本来の役割である以上、犯罪を唆すなどはとんでもないことである。ところが、わが国の法律の中には、警察官に犯罪を唆すことを許す規定が存在する。銃砲刀剣類所持等取締法27条の3の条文を一部縮めて紹介すると、「警察官はけん銃に関する犯罪の捜査に当たり、都道府県公安委員会の許可を受けて、この法律の規定にかかわらず、何人からも、けん銃を譲り受け、若しくは借り受けることができる。」という。立法理由は、拳銃のやりとりがされる暴力団関係者等の人的関係に踏み込まなければ摘発が困難なことから、個別的に、「おとり捜査」を許したのである。この規定は、実際的必要性から設けられており、制限的に用いられているかぎり、必ずしも悪法とはいえない。

　悪法については、違憲立法審査権（憲81条）が認められている現憲法下では、違憲問題として処理しうる、と私は考えている。かつて刑法典中に存在した尊属殺重罰規定（刑200条）について、最高裁判所は、普通殺規定（刑199条）との適用の差が甚だしいという理由で法の下の平等（憲14条）に反するとして違憲判断を下した[5]。その後、刑法200条は、刑法の口語化に伴い（平成7年法91号）、尊属に関する他の重罰規定とともに削除されている。しかし、親が子を殺したときは普通殺人罪で、子が親を殺したときは尊属殺人罪という構造自体、封建的な儒教道徳の押しつけというべきである。私は、刑法200条は悪法の一例だったと思う。

C 全貌を捉えているか

　社会規範を4つに分類したのは、1つひとつの内容を明らかにすることを通して、社会規範の全貌を捕捉しているかを確かめるためでもあった。私は、そのプロセスで何か重要なものが欠けているという予感がしていた。

　前述の満期釈放者の社会復帰問題をもう一度考えてみよう。法の立場からはなんとか釈放者を更生に向かわせようと思うが、現実にはなかなか進捗しない。私は、それは法の理念が一般の人々には「理解されない」からだと思っていた。しかし、逆の視点からみると、満期釈放者の更生を進める必要がないという考え方が「ある」ということである。この考え方が一大勢力をなしていて、しかも、人々の行為選択に強い影響を及ぼしているとすれば、社会規範に類似した働きをしているといえよう。

3　「世間」に気づかなかった法学

A　「もの言えぬ原則」がある

　法制度の改革がなされても、日常生活における秩序や掟、つまり「きまり」が簡単に変わるわけではない。では、法と日常生活のきまりがくい違うとき、両者の関係はどう調整されるのか。それは、社会生活関係ごとに異なる推移を経るようである。

　日本国憲法が打ち出した表現の自由（憲21条）について考えてみよう。マスメディアの世界では、この権利は憲法制定後いち早く実現したといえよう。もともと表現の自由はマスコミが強く希求してきた歴史があるし、治安維持法時代に貴重な多くの犠牲を払ってきた[6]。さらに刑法は、名誉毀損罪に関し、公共の利害に関わる表現行為に優位な立場を認めたのである[7]。そのため、第二次世界大戦後のわが国において、マスコミは表現の自由を手中にしたといえよう。

　しかし、この表現の自由も、発言者が個人となり、発言場所が職場ということになると、様相が一変する。日本の多くの職場に表現の自由はない。職場におけるきまりの第1は協調性である。改革のために発言することは

「和」を乱すものであり、本来やるべきことであっても旧来のやり方に変更を迫ることは、目立ちたがり屋の出すぎたこととして非難される。それでも懲りないで行動するものなら、今度は職場から排除されかねない。職場では、本採用とそうでない者（臨時採用）との区別が厳然と存在し、同等の仕事をしていても、本採用でない者が意見を述べることは分を弁えないこととして顰蹙（ひんしゅく）を買うことになる。労働者としての法の下の平等（憲14条）などは考慮されないのである。

では、問題としている日常生活のきまりである「職場において改革的な意見を述べてはならない」（以下、「もの言えぬ原則」と呼ぶ）は、4つの社会規範のどれに属するのか。実は、どこにも含められてこなかったのである。

B 法学が講じなかった理由

なぜ、「もの言えぬ原則」に触れずに従来の「法学」が講ぜられてきたかは、大きく、かつ、重い課題である。以下の理由が考えられる。

第1に、明治以降、ヨーロッパ近代法を導入してきたわが国において、法制度のあり方を説明するにあたっては、近代ヨーロッパ流の社会規範論が適合すると考えられたからと思われる。だが、社会のしくみ・伝統や人々の規範意識が全く異なることは当然承知していたはずであり、4つの社会規範をおおむね並列的に説明することで足りるとしたのは、考えてみれば迂闊であったといわねばなるまい。ちなみに、導入した法と国民の意識の違いから、ある刑法上の規定は、制定後100年以上たっても一向に守られないのである（贈収賄がその一例）。

第2に、日常生活のきまりは慣習の中に含めて考えることが可能であり、前時代的な慣習は「いずれ消え去る」ぐらいに考えられていたのではなかろうか。ところが、「もの言えぬ原則」に代表されるようなきまりは、拾い上げれば群をなすほどたくさんある。しかも、そこで働く力学を考えると、挨拶のしかたや服装のしきたりなどの慣習とは質的に異なるものであった。量的にも少なくなく、働く力学が異なるとすれば、4つの社会規範とは区別される範疇が必要とされる。しかも、それは、社会規範の捉え方自体のフレーム・ワークの変更を迫るものだったのである。

C 「世間」の行動原理

　4つの社会規範では社会の実態を捕捉できないことを気づかせて頂いたのは、歴史学者の阿部謹也先生である（以下、敬称をつけず引用する）。阿部が呈示するフレームは、「世間」である。「世間」は社会ではなく、「比較的狭い範囲の人間関係」だとする[8]。以下しばらく、阿部の文脈に従って、「世間」を捉えることにしよう。

　阿部は、「日本には『世間』という人と人との絆があり、その『世間』が個人を拘束している」と語る[9]。「世間」の中に生きる人々の行動の原理は、①贈与・互酬の原則、②長幼の序、③共通の時間意識、の3つの原則によっている[10]。③はややわかりにくいが、欧米人は一人一人がそれぞれ自分の時間を生きているのに対し、日本人は「皆一つの時間の中で生きていると信じていることをいう」とする[11]。

4　刑事法と「世間」の衝突

A 「世間」が法規範を無力化している例
[1] 賄賂

　わが国は賄賂天国といわれている。公共事業に関わる業者と公務員、選挙民と議員、建設会社と依頼側の会社・団体の幹部など、広い範囲の人的関係において賄賂がやりとりされ、それを当たり前とする「世間」が存在する。会社や大学内の人事についても、賄賂なしの昇進はありえないといわれる。「魚心あれば水心あり」といわれ、「清濁併せ飲む」ようでなければ出世はできないともいわれる。季節の贈り物とは明らかに性質の異なる賄賂慣行は、歴史的には江戸時代まで遡ることができ、空間としては社会の隅々まで浸透している。この賄賂慣行は、「世間」の第1原理である①贈与・互酬の原則の一部に当てはまる。

　賄賂の授受に関して、刑法は公務員との関係についてのみ可罰類型として取り上げている。しかも、検察官が立件するためには明らかな証拠を示すことができなければならないから、犯罪統計上の認知件数は極めて少な

い[12]。収賄罪で捕まった公務員の中には運が悪かったぐらいにしか感じない人がいる。それは、「世間」が賄賂の授受を許しているからである。別の言い方をすれば、「世間」が刑法の規定を無力化する一助になっているといえよう。

[2] 談合
「世間」は談合を許容する。これも幾世代にもわたってなされてきた慣行であるから、法規範が犯罪類型としても易々と消滅するものではない。業者の中には、なぜ「犯罪」とされているか理解できない者もいる。入札制度の中で業者がお互いに生きていくためには談合するのが一番のように思っている節がある。また、国土交通省が官製談合事件[13]を受けて調査したところによると、出先幹部の約 1 割が「談合は必要悪」と答えており[14]、談合防止の意識が低い幹部がいる実態が浮かび上がっている。

B 法規範は「世間」に改革を迫る
[1] 責任能力がなければ処罰なし
「世間」の行動原理①は、贈与・互酬の原則であった。日常生活の中で、おごられたら、いつかこちらからお返しをするという関係で結ばれている。これを裏側から見ると、悪事を働いたらそれに見合う制裁を受けるべきだ、という応報刑主義と結びつく。応報刑主義は、犯罪的な結果を惹き起こしたら、結果責任としてそれに見合う刑罰を受けるのは当然という。この結果責任の考え方は、わが国民の相当数が支持するものと思われる。

これに対し、刑法学では、責任能力がない以上、犯罪として非難するのは避けるべきだということを強く唱えている。責任能力の理論によると、人間が肉体の病気に罹るのと同じように、心・精神の病気になることがあり[15]、是非善悪の判断ならびにそれに基づく制御ができなくなる場合があると認識する。行為をするときに制御能力を欠くとすれば、規範違反を根拠に刑罰を科す刑法の適用は控えなければならない。責任能力を欠くことが明らかになったときは、心・精神の病気を治す治療こそ必要とされる。心神喪失を責任阻却事由として認めたくない「世間」は、刑事未成年（刑 41 条）についても厳しい。大人顔負けの犯罪を惹起していながら 14 歳未満と

いうことで刑事責任を問われないことに異議を唱える人は少なくない。

[2]「疑わしきは罰せず」を受け入れない「世間」

　刑事裁判において、検察官による証拠に基づく立証が十分でなく、「疑わしい」という状態にとどまる場合、被告人の利益に判断すべきとする法理は、刑事裁判の鉄則である[16]。当事者主義をとりながら真実を解明しようとするとき、冤罪防止という要請が入れば、「疑わしきは罰せず」となるのは当然といわねばならない。とくに検察官は強制捜査権を有しているのであるから、「合理的な疑いを差し挟む余地のない証明」が必要である。

　現在のわが国の報道の自由の浸透度と教育文化の程度を考えれば、この法理を正面から否定することはできない。ただし、問題は、建前は別として本音はどうかである。「世間」は納得していないだろう、というのが私の推測である。「世間」では、「火のないところに煙は立たぬ」と考える。その結果、「疑わしきは罰する」とすべきだということになる。イギリスの法格言では「10人の有罪者を逃がすことがあっても1人の無辜（罪のない人）を罰するな」といわれるが、日本の「世間」はさしずめ、「1人の無辜を罰しても10人の有罪者を逃がすな」と言うに違いない。

5　「世間」の性質を考察する

A　「世間」は善悪の判断基準に関係しない

　第1に、「世間」に従うと強盗も辞さないことになり[17]、強盗を厳しく処罰する法規範とは相反することとなる。「世間」は、価値と関係ない点で、反価値ではなく、否価値的である。第2に、「もの言えぬ原則」の例で明らかなように、属する者にとって強制力が強く、行為選択に働きかけてくる力を持っている点では、社会規範に類似している。第3に、外部から一見してわからず、見えない網のようである点で隠れたルールである。

　「世間」の性質の特色をまとめると、①否価値的で、②人間の行為に対する強制力が強い、③隠れたルールである、ということになる。

B 「世間」は「超社会規範」

　これまで、法学は「世間」と没交渉であったが、「世間」が人間の行為に働きかけることを認識するならば、存在を認知した上で、位置づけを与えよう。いうならば、「世間」は一般の社会規範と並列にできないが、日本の社会生活では無視しえない「超社会規範」として捉えるべきものである。むろん、ここでいう「超」は素晴らしいという意味ではなく、どちらかというと、社会に覆い被さる暗雲といってよいであろう。

C ダブル・スタンダードの国

　1つの事柄に関して、法規範と「世間」が存在することをどう捉えるべきか。表現の自由に関して、マスコミでは定着しながら、反面、職場では「もの言えぬ原則」が厳然として存在することは、社会学的観点からすると、わが国においては、表現の自由に関してダブル・スタンダード[18]が働いていることを物語っている。

6 法にとっての課題

A 「世間」を含んだ社会規範の再構成

　法規範を知り、その機能が働いているかを確認するためには、「世間」というきまりを抜きにして捉えることはできないことが明らかになった。これまで、社会規範というと、行為選択の善し悪しを決める基準が内在するという共通項を有していたため、「世間」が善し悪しとは異なる観点からあるべき姿を差し示すことに違和感を覚え、社会規範の仲間に入れてこなかった。しかし、善し悪しの点を抜きにすると、「世間」も狭い範囲の人間関係においては、行為選択の基準となっていて、従わない場合に強い制裁を受けるという点では、極めて社会規範に類似している。

　思うに、社会規範における善し悪しとは何であろうか。「もの言えぬ原則」を維持しようとする立場からすれば、新参者がこれまでのやり方に異議を唱えることは、秩序に対する挑戦と受けとられる。「世間」にとっては、

意見表明が横紙破りの悪しき行為として映るに違いない。その意味では、何が善かは立場が変われば正反対になることもありうる。そこで、社会規範から普遍的な意味での善悪という要素を抜いてみると、法規範も「世間」も社会規範に含めることができることになる。

　以上の考察から編み出された新しい社会規範の概念によると、満期釈放者への法の立場も「世間」も、ともに社会規範である。では、真向から衝突する社会規範の共存を認めてしまってよいのか。ここに、法規範と「世間」の相克という問題があることを認識する必要がある。

B　法規範と「世間」の相克を乗り越える

　ある意味でゆるやかな社会規範の捉え方からしたときに、衝突する社会規範間の調整はどうすべきなのか。

　この問題については、法が価値に関わることを思い起こす必要がある。ラートブルフ（Radbruch, G.）の言葉を借りると、「法は価値関係的態度の範囲内においてのみ理解されうる。……法は正義に適合しないこともありうる。……しかし、それは、正義に適合しようという意味を持つがゆえにのみ、法たるのである。[19]」この言葉に、私は勇気づけられる。法として私の考えていることが実現していなくても、そうあるべきだと願って、かなうように努力することが大切なのだと納得することができる。

　具体的問題で考えてみよう。満期釈放者に対し法が考えている理念は何か。人間はあやまちを犯すものであるが、誰にでも悔い改めるという可塑性がある。可塑性を有する存在であることが、人間の尊厳である。刑罰は、あやまちを気づかせ、やり直すきっかけになるはずである。刑罰の本来の目標を更生と捉えるのは、人間への理解に基づくといえる[20]。これに対し、「世間」は、いったん犯罪を行なった者を自分達の領域から排除すればよいとするものであり、御都合主義にとどまるものといわねばならない。

　「法たる」のは、正義を実現しようとするところにあるから、「世間」をも社会規範の中に含めながら、何が人間という価値に合っているかを判断しつつ、法規範の実現を図っていくのがよい。そのためにも、法における正義とは何かを不断に追究する必要がある。

C　法律学を学ぶ意義の明確化

　これから法を学ぼうとする人に伝えたい。法は単独では存在せず、「世間」をも含む社会規範の中で生きている[21]から、その生きている姿・様子を探りながら、法が機能するにはどうすべきかを考えてほしい。法は一部の人のためではなく、国民の幸福のためにある。「世間」を蔑視したり無視するのではなく、なぜそこに捕らわれているのかを明らかにし、正義に適う方向に向かわせる方策を考えるのが学問である[22]。

注)

1) 「慈悲」とは、「人間の宗教的実践の基本原理」と説明されている。中村元『慈悲』(講談社学術文庫、2010) 47
2) 『平成24年版 犯罪白書』4。殺人罪の認知件数である。
3) 1メートルは、「真空中で1秒間の2億9979万2458分の1の時間に光が進む行程の長さ」とされている。
4) 道路交通法施行令44条の3は、「呼気1リットルにつき0.15ミリグラムとする」と規定している。
5) 最大判昭和48・4・4刑集27-3-265。
6) 江口圭一・木坂順一郎『治安維持法と戦争の時代』(岩波ブックレット、1988) 34-35によると、治安維持法違反で死刑になった者は1人もいないが、警察で虐殺された人が65人、虐待がもとで獄死した人が114人を数えているという。前者の1人に『蟹工船』を書いた小林多喜二がいる。
7) 名誉毀損的表現行為については、公共の利害に関する事実であれば、一定の要件をみたすかぎり、違法性が阻却されて無罪となる (刑230条の2)。
8) 阿部謹也『日本人の歴史意識―「世間」という視角から』(岩波新書、2004) 7
9) 阿部・前掲注8) 5
10) 阿部・前掲注8) 7。なお、「互酬」とは、何かをもらったら返すという、返札の相互性が認められる関係をいう。
11) 阿部・前掲注8) 7
12) 『平成24年版 犯罪白書』4 によると、平成23年の1年間、全国の認知件数が60件である。
13) 官製談合とは、公務員が、国・地方公共団体の契約の締結に関し、事業者に談合を唆したり、事業者に予定価格を教えて入札の公正を害する行為を行うことである (官製談合防止法8条)。
14) 平成25年3月15日朝日新聞朝刊。
15) 「心の病気」の原因の1つとして、犯罪や災害などが心的外傷となることが指摘されている。精神医学によると、「心の傷の特性は何よりもまず、生涯癒えないことがあるということで

あろう。八カ月で瘢痕治癒する身体の外傷とは画然とした相違がある。」と指摘されている。中井久夫『徴候・記憶・外傷』（みすず書房、2004）109

16) 最高裁判所は、再審請求に関するいわゆる白鳥決定において、「確定判決における事実認定につき合理的な疑いを生ぜしめれば足りる」という意味において、刑事裁判の鉄則とした（最決昭和50・5・20刑集29-6-177）。
17) 阿部・前掲注8) 6によると、借金返済のための強盗が多いとして、「借金によって『世間』に借りが生じている状態に耐えられない」ことを根拠としている。
18) 阿部・前掲注8) 88
19) ラートブルフ（田中耕太郎訳）『ラートブルフ著作集 第1巻 法哲学』（東京大学出版会、1961）109
20) 船山「希望がなければ刑罰とはいえない」政経研究49巻4号205頁（2013）以下。
21) 団藤重光『法学の基礎〔第2版〕』（有斐閣、2007）29は、「法につねに新しい生命を保持させるために」は、「法および法の運用—わけても司法—が民衆と密接しその精神的支持を確保すること」が重要であると指摘している。
22) 法は、座していて実現するものではなく、法の目標である平和を実現するためには闘争が必要であるとされる。イェーリンク（日沖憲郎訳）『権利のための闘争』（岩波文庫、1941）27

知識を確認しよう

【問題】
(1) 「疑わしきは被告人の利益に」の原則について、一般社会における否定的な見解・取扱いの例を示し、批評あるいは検討しなさい。
(2) 道徳規範はどのような機能を有しているか。

【解答への手がかり】
(1) 起訴されると犯人扱いをする報道のしかたは、この原則に対する理解が不十分なためと思われる。
(2) 道徳は、人の心に訴えかけるとともに、立法の根拠となる場合がある。また、実定法が「悪法」かどうかは、主に道徳の視点から検討される。

第 2 章 刑法の制定と解釈、判例法の形成

本章のポイント

1. 刑法は誰が何に基づいて制定するのであろうか。多くの人が世の中の反社会的行為に対して刑罰での対処が必要だと感じた場合、刑法の制定となる。そして、犯罪が認定されれば刑罰が科されるが、犯罪とそれに対する刑罰を定めるのは、われわれ国民自身である。
2. 何を犯罪とするかについては、法益の重要性、刑罰による保護の必要性、刑罰による保護の適格性の吟味が重要である。
3. 刑法が制定された場合、その解釈について考えることも重要である。さらに、わが国は成文法主義の国であるので、判例は形式的には法源性を持たないと言われる。しかし、特に最高裁判所の判例は、法文解釈の統一という働きを持つため、法的安定性の確保に資することになる。だとすれば、判例は極めて重要な役割を果たすと言ってよい。

1 刑法は誰が何に基づいて制定するか

A 刑法の制定
[1] 刑法制定に至る具体例——危険運転致死傷罪の制定について

　世の中の反社会的行為に対して多くの人々が刑罰での対処が必要であると感じる場合、それは刑法の制定という形で現れることになる。この例を、危険運転致死傷罪（刑208条の2）の制定に見ることができる。

　同罪が平成13（2001）年に制定される以前は、いわゆる交通三悪と言われる速度超過、飲酒運転、無免許運転のような悪質な交通違反によって惹き起こされた死傷事故に対しても、適用されるのは、刑法上は最高刑が懲役5年である業務上過失致死傷罪（刑211条）であり、また、交通三悪の中で最も重い刑罰を規定している酒酔い運転罪でさえも最高刑が3年（当時、現在は5年）にすぎず（道交117条の2第1項）、業務上過失致死傷罪と酒酔い運転罪とが併合罪となった場合でも、刑の上限は懲役7年6月でしかなかった。

　このような状況下にあって、飲酒運転常習者のトラックに家族4人が乗った自家用自動車が追突され、同乗していた幼児2人が死亡した事件など、当時、悪質な交通死亡事故が目立ったため、このような事故に対して刑罰が軽すぎはしないか、という主張がなされるようになり、交通事故の被害者やその家族をはじめとして、広く国民の間に、悪質な事案に厳しく対処するための法整備を求める声が急速に高まった。その結果、37万余の署名が法務省に提出された。このようなことが背景となり、危険運転致死傷罪が制定されるにいたった。

　ただ、危険運転致死傷罪はその成立要件が厳格なため、年間の同罪の認知件数は極めて少ない。ちなみに、平成23（2011）年における危険運転致死傷罪の認知件数はわずか333件にすぎない[1]。そこで、危険運転致死傷罪での立件は難しく、かと言って従来の業務上過失致死傷罪では軽すぎるということで、平成19（2007）年に法定刑の上限を7年とした自動車運転過失致死傷罪（刑211条2項）を制定したのである。

[2] ペナル・ポピュリズム

　しかし、最近、再び交通事犯に対する厳罰化の要求がなされるようになった。それは、専門家よりも被害者や被害者の家族の厳罰化の要求と、それを後押しする（一部の）世論の現れと言ってよいであろう。つまりここにはペナル・ポピュリズムがあると思われる[2]。ペナル・ポピュリズムとは、刑事立法にあたって、専門家よりも被害者やその家族の意見が強く反映される現象を言う。その背景としては、①犯罪被害者やその団体の意見の中には、内容的にもっともな部分があり、また、それを被害者やその家族が主張することで説得力が増す、②犯罪被害者やその家族の主張に耳を傾けない態度をとることは薄情な人間のように思われるのではないか、との強迫観念が周辺の者に働きやすい、③被害者の権利を尊重すべきであるということが20世紀後半以降の風潮としてあり、被害者保護に反対することは難しいという雰囲気がある、④以上のいずれについてもマスコミの影響が大である、ということが考えられている。

　ただ、ペナル・ポピュリズムによる立法には、問題点も指摘されている[3]。第1に、全体的な考慮なしに立法がなされるため、法制度としてはバランスを欠く場合が少なくない、第2に、十分な検討なしに立法がなされるため、条文の文言に疑問があったり、立法内容に基本原則違反の可能性があったりする場合もある、というものである。それに何より、ペナル・ポピュリズムは、被害者の意見に傾き過ぎではないかとの問題もあろう。ここでは、いくら刑法の役割の1つに被害者救済があるとしても、まかり間違えば悪しきペナル・ポピュリズムに陥る可能性が否定できないという点だけは指摘しておきたい。

B　刑罰の特質と刑法を制定する者
[1] 刑罰の特質

　刑法が制定され、ある行為が犯罪であると認定されれば、刑罰が科されることになる。どのような行為を犯罪とするかについては後述するので、ここでは刑罰の特質から導き出される点について述べることとする。

　刑罰とは、犯罪に対する法的効果として、国家により犯罪者に科される一定の法益の剥奪であるが、その内容は国家が犯罪者から強制的に生命・

自由・財産を奪うことであるから、刑罰は本質的に害悪（ただし必要悪）であり、犯罪者に苦痛を与えるものであると言われる。したがって、刑罰を科される前提となる犯罪や刑罰については、われわれが十分に納得しているものでなければならないことは言うまでもない。つまり、どのような行為を犯罪とするか、それに対してどのような刑罰を科すかについては、われわれ国民が定めなければならないのである。

[2] 刑法を制定する者

　どのような行為が犯罪とされ、それに対してどのような刑罰が科されるかは、あらかじめ成文の法律で明確に定められなければならないとする刑法の基本原則を罪刑法定主義という。この罪刑法定主義は次の2つの要請を含むと言われる。それは、まず第1に、どのような行為が犯罪とされるかについては、国民の人権、特に行為の自由を保障するためにあらかじめ成文法で明示し、国民の予測可能性を確保しなければならないという人権尊重主義的要請（自由主義的要請）であり、第2に、どのような行為を犯罪とし、それに対していかなる刑罰を科すかは、国民自身が——その代表者を通じて——決定するという国民主権主義に基づく民主主義的要請である。

　わが国は間接民主制を採用しているため、法律を制定するのは国会議員であるが、その国会議員はわれわれ国民が選挙で選出する。憲法もその前文や第1条で国民主権主義を明確に謳っており、さらに「公務員を選定し、及びこれを罷免することは、国民固有の権利である」（憲15条1項）と規定している。そうすると、刑法を制定する者は形式的には国会議員と言えるが、究極的にはわれわれ国民が刑法を制定すると言ってよいのである。

2　どのような行為を犯罪とするか

A　刑法の謙抑性・補充性の原則

　ここでは、どのような行為を犯罪とするかを検討するが、そのための前提として刑法の謙抑性・補充性の原則についても触れておきたい。

前述のように、刑罰は苦痛を与えるものであり、かつ害悪であると言われる。つまり、刑罰は大きな副作用を伴うものである。したがって、刑事制裁の行使は極力控えるべきであり、他の社会統制手段、たとえば道徳や刑法以外の法的手段——民事制裁や行政措置など——で反社会的行為に十分対処ができるときには、それらに委ねるべきである。そして、それらでは十分な対処ができないときに、はじめて刑事制裁を行使すべきである。結局、刑法の謙抑性・補充性の原則の強調が必要なのである。
　そして、このことは刑法の役割の1つである被害者救済とも関係してくる。最近の厳罰化の議論とは全く逆になるが、物質的・金銭的な面からするならば、犯罪者が実刑判決を受け長期間刑務所に収容されているならば、受刑者が資産家でもないかぎり、受刑者は収入の道が閉ざされるため、被害者またはその家族は受刑者からの損害賠償を受けることはできないのである。そしてこのことは、ひいては刑罰の贖罪的機能を奪うことにもなりかねないことになる。かりに少額でも継続的に損害賠償を行うことによってはじめて贖罪の意味も出てくると思われるからである。それに継続的な損害賠償は、必ずや被害者またはその家族の報復感情も宥和されるものと思われる。だとすれば、ケースによって異なる場合はあろうが、刑務所への長期収容は、必ずしも被害者救済という観点からは、いかがなものかという疑問もなくはない。この点からしても、刑法の謙抑性・補充性の原則は強調されてしかるべきであろう。

B　刑罰の感銘力

　このように、刑法以外の手段——法的手段を含めて——では、反社会的行為にどうしても十分な対処ができないときに、はじめて刑法が登場すべきである。つまり、刑法は問題解決のための最終手段なのである。ただ、ここで注意すべきは、刑罰には感銘力が必要だということである。そしてそれは、刑罰は犯罪者を改善・更生・社会復帰に導くものでなければならないことを意味する。刑罰はその性質上、犯罪者にとってある程度厳しいものでなければならないのは言うまでもない。しかし、必要以上に厳しすぎて反発しか感じられないような刑罰はあってはならないだろう。これらの刑罰は、犯罪者の将来にとって何の役にも立たないと思われるからであ

る。

　また、なかには、刑務所なら三度の食事にありつけるし、生活には困らないということで、犯罪を繰り返す者がいることもまた事実である。さらに、財産刑、特に少額の罰金刑や科料には、はたしてどれだけの感銘力があるかは再考の余地があろう。いずれにしても、現在は刑罰制度の根本的見直しが迫られている時機かもしれない。

C 犯罪の意義
[1] 実質的意義の犯罪と形式的意義の犯罪
　われわれが犯罪という用語を用いるとき、それを実質的にとらえて用いる場合と、形式的にとらえて用いる場合とが考えられる。実質的にとらえた場合には、犯罪とは反社会的行為、すなわち社会共同生活の秩序を乱し、個人や公共の利益（法益）を侵害する人の行為ととらえられる。したがって、そこでは心神喪失者による放火や、14歳未満の者による殺人なども含まれる。そして、この実質的意義の犯罪は、刑事政策の対象となる。

　一方、形式的に犯罪をとらえる場合には、犯罪とは実定法上一定の刑罰が科されるべき行為、すなわち法律上可罰的な行為とされる。そして、ここでは犯罪とは構成要件に該当する違法で有責な行為と定義される。そこで、ある行為が犯罪とされるかどうかは、まず、当該行為が構成要件に該当するかどうかによって決定しなければならない。そこで構成要件とは何かが問題となるが、構成要件とは、一般的には、世の中にある多くの反社会的行為のうち、刑罰的非難に値する行為を抽出して類型的に規定したものを言うとされており、違法・有責の類型と言われている。

[2] どのような行為を犯罪とするかを定める基準
　犯罪は反社会的行為のうち刑罰的非難に値すると思われる行為を抽出したものであるが、では何を基準に刑罰的非難に値するとしているのであろうか。故藤木英雄博士の見解を参考にしながら、検討を加えてみたい[4]。
(1) 法益の重要性
　侵害される法益が刑罰をもってしてでも保護されなければならないほどに重要・貴重な法益であるということである。道徳的非難や加害者が生活

している社会からの指弾でこと足りるような場合には、刑罰をもってしてでも保護されなければならないような重要な法益とは言えないだろう。このようなものは、刑法上の犯罪とするには当たらないとされるべきである。

(2) 刑罰による保護の必要性・不可欠性

当該法益の保全のためには、刑罰による保護が必要不可欠であるということである。法益としては重要であったとしても、民事的方法での救済や行政措置を有効に働かせることによって法益の保護が全うできるならば、刑罰が前面に出ることもないだろう。このような場合には刑罰を用いる必要性に乏しいのである。結局、当該法益が外部から侵害されやすいこと、いったん侵害されたら、実際上の問題として、民事的方法や行政措置で早期に救済を図ることはかなり困難であること、などの事情がある場合には、刑罰による保護の必要性はあると言えよう。昭和35（1960）年に制定された不動産侵奪罪（刑235条の2）を想起すれば、この点は容易に理解できよう。

また、私たちの社会共同生活に及ぼされる害悪が比較的軽微なものであっても、その防圧が刑罰以外の方法では困難とされる場合には、刑罰による法益保護も必要であろう。

(3) 刑罰による保護の適格性・適応性

当該法益が刑法による保護に適するものでなければならない。具体的には、当該法益侵害が可罰的行為の輪郭を平易に把握できるような形で犯罪類型化すること、そしてそれが可能であること、当該犯罪を客観的に立証し、確実に処罰を行うことに特段の不都合がなく、刑罰による保護が的確に行われることと言われる。そして、この場合、有形的な法益の侵害よりも無形的な法益（たとえば音楽著作権）の侵害の方が、犯罪類型化に種々の難点があると指摘されている。

[3] 現行刑法上の犯罪

(1) 上記の観点から、どのような行為を犯罪とするかについて、現行刑法を中心に検討してみたい。この点については、行為態様と保護法益からの検討が重要であろう。

(2) まず、行為態様についてである。刑法は故意犯処罰を原則とし過失犯処罰は例外としている（刑38条1項）。故意犯は犯罪を意図的にわざとや

るため、処罰の対象とされるのは当然である。これに対し過失犯は、意図的ではなく不注意で犯罪を行ってしまうものであるため、処罰の対象となる犯罪は、故意犯と比べると、重大犯罪に限定した狭いものとなっている。ただ、そうは言っても、過失犯の典型的犯罪である自動車運転過失致死傷罪は、平成23年において、658,627件を示し、これは全刑法犯の認知件数の30.8%を示している[5]。このように、今や過失犯は決して例外的処罰となっているわけではないのである。しかし、不注意による反社会的行為を今まで犯罪とされていなかったものについてまで犯罪化することは、現に慎むべきだろう。

　たとえば、金を借りて返さないという事例について、最初から返すつもりがなく、ただ単に騙し取ってやろうというつもりで金を受け取った場合は詐欺罪（刑246条1項）として処罰すべきであろうが、返却するのを忘れただけの場合に、過失詐欺罪などとして犯罪化するのは妥当でない。同様に、他人の物を誤って損壊した場合、過失器物損壊罪などとして犯罪化するのも妥当ではないだろう。これらは友情による解決、せいぜい民事的解決で十分と思われるからである。刑罰による保護の必要性・不可欠性などは全くないと言ってよい。やはり故意犯処罰を基本とすべきであり、過失犯については重要な法益の侵害についてのみ例外的に処罰されるとすべきである。その意味では現行刑法は概ね妥当と言ってよいであろう。

(3)　次に、どのような行為を犯罪とするかについて、保護法益の面から検討してみよう[6]。明治40（1907）年制定の現行刑法は、若干の例外はあるものの、おおむね国家的法益に対する罪、社会的法益に対する罪、個人的法益に対する罪の順で編別されている。しかし、多くの論者が指摘するように、現在は憲法13条に規定する個人主義が憲法秩序の中心をなしていると言ってよい。したがって、個人的法益に対する罪から論述している最近の著書は、現在の学界の傾向に適っているものと思う。そこで、ここでもまず個人的法益からみてみたい。

(4)　すべての法益の中で最も重要視すべきは人の生命であり、次いで重要なのは人の身体である。これらが侵害されたときは、もちろん刑法が発動されなければならないことは言うまでもない。そして、人身の自由・精神の自由も、これらに対して侵害が加えられたときは逮捕・監禁の罪や略

取・誘拐・人身売買の罪、脅迫の罪で対処すべきである。生活の平穏も刑法で守るべき法益であろう。したがって、住居を侵す罪、秘密を侵す罪、名誉に対する罪、信用・業務に対する罪も、刑法で守られるべきである。ただ、秘密を侵す罪である信書開封罪（刑133条）は、刑法で処罰すべき行為かどうかは疑問を禁じえない。このような行為まで刑事制裁の行使対象とする必要があるかどうかは再考の余地があろう。しかも、刑罰の上限が1年の懲役であり、これに対して単純過失とはいうものの人の生命を奪う過失致死罪（刑210条）の刑罰の上限が50万円の罰金であることを考えると、なおのことである。

ところで、私有財産制をとっているわが国においては、個人の財産が重要であることは当然である。したがって、刑法典に規定している各種の財産犯罪はおおむね妥当であろう。ただ、今後は無体財産権の保護をどのようにすべきか、特別法に委ねておいてよいか、それとも犯罪と刑罰に関する基本法の刑法典中に組み込むべきかについては検討が必要であろう。

(5) 社会的法益に対する罪では、放火等の公共の平穏を害する罪は個人的法益に対する罪に帰着させることができると思われ、刑法典で対処すべきである。また、各種の偽造犯罪も、通貨偽造や文書偽造などは国民生活を混乱に陥れることになるため、処罰の対象とすることには問題はない。ただ、社会生活の感情を侵す罪については、若干検討の余地がある。

公然わいせつ罪（刑174条）やわいせつ物頒布等罪（刑175条）については、これらはいわゆる被害者のない犯罪であること、刑法がある特定の性的道義観念を国民に押し付けることは控えるべきであること、そもそもわいせつの概念は不明確であること、表現の自由の観点からも処罰の対象とするのは問題であること、などを理由として、非犯罪化すべきであるとの議論もなされている。しかし、一般国民の見たくないという感情も尊重すべきであること、特に少年に対しては、性についての偏った情報を与える危険性も存在することなどを考えれば、非犯罪化は時期尚早の感がある。

(6) 国家的法益に対する罪である公務の執行を妨害する罪や、国家の存立を危うくする罪については、現行刑法典で基本的には良いと思われる。ただ、職権濫用の罪や賄賂の罪については、これらを犯罪として刑法典に規定していること自体については何ら問題ないが、これらの罪のとらえ方

については大いに問題があろう。従来これらの犯罪は国家の作用を害する罪としてとらえられていた。これは、この種の行為は、いずれも国家の作用を担う公務員が内部から公務の適正な執行およびこれに対する国民の信頼を侵害し、ひいては国家の作用を害するものとされていたのである。しかも、職権濫用の罪に関しては法定刑に禁錮もあるが、これは職務熱心のあまりの行き過ぎを考慮したものと言われていた。

しかし、このようなとらえ方は正しくないだろう。職権濫用の罪は公務を笠に着て国民に害を加えるところの国家機関による国民個人に対する犯罪、賄賂の罪は公務員が「全体の奉仕者であって、一部の奉仕者ではない」（憲15条2項）ことを自覚しない国民の信頼を裏切る犯罪ととらえるべきである[7]。したがって、これらの犯罪は破廉恥な犯罪であり、禁錮刑などに値しない犯罪であると言わなければならない。

[4] 現行刑法上の犯罪の問題点

(1)　ここでは、刑法上の犯罪についてその存在に問題があると思われるものをいくつか採り上げてみる。まず、刑法第14章あへん煙に関する罪（刑136条以下）である。これについてはあへん法がより包括的な規定を設けているだけでなく、現在の薬物犯罪の主流は、覚せい剤、大麻、麻薬であるため、あへん煙に関する罪の規定はほとんど適用されていないと言ってよい。したがって、これらの罪は刑法典に置いておくよりも、特別法で十分機能させる方が妥当であり、刑法典からは削除してもよいと思われる。

(2)　次に（単純）賭博罪（刑185条）である。賭博罪が処罰される根拠は、一般に、勤労の美風を損ない、あわせて賭博等に付随して生じかねない強盗や窃盗を防止することであると言われている。しかし、かりに賭博で負けて自分の財産を失ったとしても、それは自らの所有権の処分の範囲内と見ることもできるであろうし、もし強盗や窃盗が行われたとしても、それはそれぞれの犯罪で処罰されることになるから、前述の処罰根拠を理由に賭博を犯罪としていることは、過度なパターナリズム、卑近な言葉で言えば、「余計なお世話」と言えなくもない。これも刑法典から削除する方向で考えてもよいのではないだろうか。

(3)　刑法第29章堕胎の罪（刑212条以下）についても、これらの罪を刑法

上の犯罪としていることには疑問なしとしない。堕胎の罪の保護法益は、第1次的には胎児の生命・身体、第2次的には妊婦（母体）の生命・身体である。最近、子どもを産むか産まないかは女性の自己決定権に属するということを耳にするが、胎児も1個の生命として尊重されなければならないことは言うまでもない。したがって、安易に堕胎することには賛成できないし、堕胎するとしても、母体保護法の認める範囲内で行うべきであると思う。

しかし、現実には、闇の堕胎が数多く行われていると言われる。結局、堕胎の罪で立件されることはほとんどない。ちなみに、『犯罪白書』には、犯罪の認知件数を示す欄に堕胎罪の項目は存在しない。胎児の生命は当然保護されるべきであり、保護の必要性もあると思うが、堕胎罪がほとんど立件されていないという現実からすると、保護の適格性・適応性については否定せざるを得ないのではないか。そうすると、本罪も刑法典から削除する方向で検討すべきだと思われるのである。

[5] 簡単なまとめ

上述のことを簡単にまとめてみるならば、現行刑法は何を犯罪とするかについては、おおむね妥当と言ってよいと思われるが、ただ、現代に即さない犯罪も散見されるように思う。また、最近特に重要度を増している無体財産権も、その侵害に対しては、犯罪と刑罰の一般法である刑法典に取り込むことを考える必要があろう。結局は、故藤木博士の3つの観点を踏まえた上で、時代に即した刑法が必要である、ということである[8]。

3 刑法の解釈

A 法解釈の必要性

[1] 法解釈の意義

刑法の解釈について論述する前に、法解釈一般の意義を簡単に述べることにする。

法解釈とは、一般的抽象的な法規範の意味・内容を明らかにすること、つまり、法を適用するにあたって、その法の持つ真の意義を明らかにし、その法の目的と内容を確定することを言う。このことを機能面から見るならば、法解釈は法規範を当該事実にあてはめることができるように具体化する作業であると言える。

[2] 法解釈の必要性
　法規範は特定の事件に適用するために定められたものではなく、社会に生起するさまざまな事象に対処できるように定められているため、その内容は一般的かつ抽象的なものが多い。これは罪刑法定主義を基本原則とする刑法の分野においても同様である。
　たとえば、刑法は窃盗罪の客体を「他人の財物」と抽象的に規定しているため、経済的価値の低い物はここにいう財物に含まれるか、商品としての価値は低くても、被害者本人にとっては主観的価値があると認められる物はどうか、など多くの議論がある。また、旧刑法下の事例であるが、電気は財物かが問われた事件もあった（なお、刑245条参照）。
　ところで、裁判官が具体的事件を解決するにあたり、法規範を適用しようとしても、その事案解決のための適当な法規範が存在しないことがある。これを法の欠缺という。民事事件の場合には、法の欠缺があったとしても、裁判官は紛争を解決しなければならないために、法の解釈が必要となる。しかし、刑事事件の場合には、罪刑法定主義の原則上、当該行為がいかに反社会的なものであっても、それを処罰する規定が存在しなければ、裁判官は無罪の判決を下すことになるのである。

[3] 刑法で問題となる法解釈の方法
(1)　法解釈の方法は各種あるが、刑法で特に問題となる解釈方法は、拡張（拡大）解釈と類推解釈である。ここでは、これらの解釈方法について略述するにとどめる。
(2)　拡張解釈とは、法文の文意を拡げて解釈すること、すなわち、法文に記載された字句だけでは狭義にすぎ、その法の真の意義が明らかにならない場合に、通常その字句が持つ意味よりも少し拡張して解釈することをい

う。刑法175条のわいせつ物頒布等罪にいう「陳列」には映画やDVDの「映写」も含まれるとする解釈や、刑法261条の器物損壊罪における「損壊」は、物を物理的に破壊するだけでなく、酒の銚子やすき焼鍋に放尿するなど心理的に使用不能にする行為も含むとする解釈などは拡張解釈である。
(3) これに対して、類推解釈とは、ある事柄について直接規定する明文がない場合に、類似した他の事柄についての他の規定を適用して解釈することをいう。たとえば、刑法134条の秘密漏示罪はその1項で「医師、薬剤師、医薬品販売業者、助産師、弁護士、弁護人、公証人又はこれらの職にあった者」と規定しているが、看護師が患者の秘密を漏らした場合、看護師も医師や薬剤師と同様に医療業務に従事する者であるから、この場合に刑法134条を適用して解釈しようとするようなことである。

B 刑法において許される法解釈―拡張解釈

刑法の基本原則である罪刑法定主義は、前述のように、民主主義的要請と同時に、人権尊重主義的要請(自由主義的要請)を含んでいる。そして、この要請は立法に際してはもちろんのこと、解釈においても当然必要とされるものである。

われわれが行為をするときは、自分がこのような行為をしたらどのような結果になるかを予測し、その予測に従って自分の行為をコントロールすることになる。したがって、人権尊重主義的要請を全うするためには、われわれの予測可能性の範囲を超える解釈は許されないことになる。それは前述の例から明らかなように類推解釈の方であろう。銚子やすき焼鍋に放尿したときに、それらの物が使用不能つまり損壊と同じであると解釈することは、われわれの予測の範囲内であろうが、反対に、秘密漏示罪の主体に看護師が含まれるとする解釈は、同罪の主体が具体的に特定されているだけに(限定列挙)、われわれの予測の範囲外であろう。つまり、「拡張解釈は許されるが、類推解釈は許されない」ということになるのである。

> **コラム　拡張解釈と類推解釈**
>
> 学生A　半径200m以内に約10軒の人家が存在する場所で散弾銃を発射した場合、それを当時の鳥獣法で禁止する「人家稠密ノ場所」での銃猟と言えるだろうか。B君どうでしょう？
> 学生B　住民の生命や身体の安全を考えると、半径200m以内に約10軒の人家でも、「人家稠密ノ場所」と言ってもいいのではないかな。これは拡張解釈だと思うよ。
> 学生C　B君の言いたいことは大変よくわかるが、僕の計算が間違っていなければ、半径200mの土地ならば約300㎡の家がおよそ400軒建つ計算になるんだよ。半分としても200軒だよ。それを人家稠密と言ってよいかは疑問だな。僕は類推解釈のような気がするよ。
> 学生A　判例は（最決平成12・2・24刑集54-2-106）は人家稠密の場所としているんだよ。このことは覚えておこうよ。

4　判例法の形成

A　判例の法源性

　刑法の解釈は誰がやるか。それは裁判所であり、具体的には個々の裁判官である。裁判所の行う法解釈は有権解釈の1つであり、それは強制力・拘束力を伴うものである。ただ、裁判所の行う法解釈は個々具体的な事件についての解釈であるため、これらの解釈ははたして法源性を持つか、つまり、判例の法源性の有無が問題となるのである。

　成文法主義をとるわが国では、形式的には判例は法源性を持ってはいない。上級審の判断が下級審を拘束するのは事件が同一の場合に限られ（裁4条）、他の事件に対しては何ら拘束力がないとされているからである。

　しかし、類似の事件が裁判所に提起されたときには、裁判所は同様の判断をする可能性が高い。それは、法的安定性を図るためには判例の統一性を保つことが必要であるとの要請に基づく。裁判所法もこの点につき「憲

法その他の法令の解釈適用について、意見が前に最高裁判所のした裁判に反するとき」には大法廷で取り扱わなければならない（裁10条3号）として、判例変更には極めて慎重な態度をとっている。実際上も判例変更は容易には行われてはいない。刑事訴訟法も判例違反を上告理由としており（刑訴405条2・3号）、判例の拘束力が極めて強いことを示している。したがって、成文法主義をとっているわが国においても、実質的には判例にも法源性を認めていると言ってよいであろう。

　しかも、刑法において構成要件の解釈を具体的に固めていくのは、判例に負うところが大きい。さらに、個々の具体的事案に即して裁判所が下す判断の集積によって、犯罪の具体的内容が形成されていくとの指摘は、忘れてはならないものである[9]。

B 判例変更と罪刑法定主義

　ところで、判例が行為後に被告人にとって不利益に変更された場合には、刑罰法規の場合と同様に遡及処罰を禁止すべきか。最高裁判所はいわゆる「岩教組同盟罷業事件」において、「行為当時の最高裁判所の判例の示す法解釈に従えば無罪となるべき行為を処罰することが憲法39条に違反する旨をいう点は、そのような行為であっても、これを処罰すること」は「憲法の右規定に違反しない」としている[10]。学説も、判例の見解を支持するものも多いが、ただ、被告人を救済しようとする見解は、その方法として、故意や期待可能性が欠如するような形で救済し得るとするもの、違法性の意識の可能性の欠如による免責を認めようとするもの、などがある。

　しかし、前述のように、実質的にみれば、判例の法源性を否定することはできないであろう。判例、特に最高裁判所の判例が国民の行為の準則として機能していることもまた事実である。国民の予測可能性を保障し、同時に法的安定性を図るという見地からすれば、被告人に不利に変更された判例は将来にわたって宣言するにとどめ、当該事件には適用しないとされるべきである。つまり、被告人に不利益に変更された判例による遡及処罰は禁止されるべきなのである。ただし、この判例の不遡及的変更は、事の性質上、確立されたと判断することができる判例を変更する場合に限って認めることになろう。

注)
1) 『平成24年版 犯罪白書』4。
2) 以下の叙述は船山泰範「自動車運転立法の未整備と罪刑法定主義」沼野輝彦教授古稀記念論文集『刑事法の現状と課題』日本法学第76巻4号(平成23年)435以下参照。
3) 船山・前掲注2) 436。
4) 藤木英雄『刑法講義 各論』(弘文堂、1976) 1~3等。
5) 前掲注1) 5。
6) 船山泰範編著『ホーンブック新刑法各論〔改訂2版〕』(北樹出版、2013)を参照。
7) 船山泰範『事例で学ぶ刑法各論』(成文堂、2008) 234、注6) 195。
8) なお、立法一般に関しては、生物学的因子、経済的因子、政治的因子が指摘されているが(団藤重光『法学の基礎〔第2版〕』〔有斐閣、2007〕146以下、西原春夫『刑法の根底にあるもの 増補版』〔成文堂、2003〕121以下)、本稿では、そこまでは紙幅の関係上立ち入ることはできない。後日の課題としたい。
9) 団藤・前掲注8) 168。
10) 最判平成8・11・18刑集50-10-745。

知識を確認しよう

【問題】
(1) 人から借金し、返済期限到来後も忘れて返済しない者に対し、刑罰で対処することは妥当か、検討しなさい。
(2) 法にいう「捕獲」は、鳥獣に対して洋弓銃で矢を射かけたが、矢が外れたため鳥獣を自己の実力支配内に入れられなかったとしても、「捕獲しようとする行為」さえあればよいか、それとも現実に捕獲する必要があるか、検討しなさい。

【解答への手がかり】
(1) 法益の重要性、刑罰による保護の必要性や適格性を参考にしながら検討する。
(2) これに関する最判平成8・2・8刑集50-2-221を参考にしながら、拡張解釈と類推解釈の違いを考える。

第 3 章 企業犯罪を考える

本章のポイント

1. 犯罪は個人によるものだけでなく、日常的に行われている企業活動によっても生じるが、どのような法律によって企業の犯罪が定められているかを見ながら、個人による犯罪と企業による犯罪との違いを考える。
2. 企業犯罪といった場合に、なぜその企業が処罰されるのか。具体的に言えば、誰の行為で誰が責任を負うのか。
3. 企業活動に対して刑罰を科すことは効果があるのか。刑罰以外の法的制裁にはどのようなものがあるかを見ながら、経済取引などにおいて企業が法令に違反する行為をしないようにするための有効な手段を探る。

1 企業犯罪とは

A 企業活動と企業犯罪

　現代社会においては、企業が経済活動の中心的な役割を担い、それによって人々の利益や幸福が増大していることは明らかである。しかし他方では、企業による不正行為や災害・事故などが発生した場合、個人によるものと比べて社会に対する影響が非常に大きなものとなり、その責任は重大である。たとえば、高度経済成長期の公害問題をはじめとして、薬害や欠陥製造による健康被害、火災や交通・運輸に関する事故、あるいは粉飾決算や金融・証券取引に関わる事件、食品などの表示偽装、カルテルや談合、さらに脱税や賄賂など、これまでにさまざまな事件・事故が深刻な社会問題として取り上げられ、世論の非難を浴びてきた。

　しかし、企業が社会に対して如何に大きな影響を及ぼし多大な不利益をもたらしたとしても、それが直ちに企業犯罪となるわけではない。地震によって発電所が稼働させられず電力が提供できなかったことで人々の生命・財産に危険を生じさせたとしても、それが想定できないような事態であれば企業犯罪として問われることはない。また、いわゆる企業不祥事とされるものの中には、経営者や従業員の個人的なスキャンダルもあれば会社の経営体質が問題視されるようなものもあるが、こうした場合でも企業犯罪にあたるものは少ない。従業員が会社の金を着服したとしても個人の犯罪であって企業犯罪とはいえないし、ワンマン経営の社長で強引な取引方法を行う会社であったとしても、会社法・労働基準法・独占禁止法（私的独占の禁止及び公正取引の確保に関する法律）などの罰則に触れる行為がない限り企業犯罪とはいえない。一方、会長が会社の資金を流用してギャンブルに注ぎ込んで巨額の損失を生じさせ、隠蔽するために会社ぐるみで虚偽の決算を行えば企業犯罪と呼ぶことはできる。

　では、企業犯罪とは何を意味するものなのか。企業が犯罪を行うということは具体的にどのような場合をさすのか。そもそも犯罪というためには処罰するための法律の規定がなければならないが、企業（法人）を処罰するための規定を法人処罰規定といい、現在では多くの法律にこのような規定

が置かれている。

B 企業犯罪を処罰する法律

　企業（法人）を処罰する規定を置いている法律は、会社法、独占禁止法、金融商品取引法、不正競争防止法、景品表示法（不当景品類及び不当表示防止法）、特定商取引法、特許法、商標法、著作権法、公害罪法（人の健康に係る公害犯罪の処罰に関する法律）、廃棄物処理法、薬事法、食品衛生法、労働者派遣法（労働者派遣事業の適正な運営の確保及び派遣労働者の保護等に関する法律）、法人税法、消費税法、麻薬及び向精神薬取締法、覚せい剤取締法、児童買春処罰法（児童買春、児童ポルノに係る行為等の処罰及び児童の保護等に関する法律）、組織犯罪処罰法（組織的な犯罪の処罰及び犯罪収益の規制等に関する法律）など極めて多岐にわたり、約 600 あるといわれている[1]。

　これらの法律の規定は、法人と行為者（自然人）を共に処罰する趣旨であることから、両罰規定という。こうした規定が置かれるようになったのは、刑法典などで定められている犯罪が「人を殺した者は」「他人の財物を窃取した者は」などのように、犯罪の主体が「者」と規定され、自然人を前提とすると考えられていることから、法人を処罰する場合には別の規定を置く必要があると考えられたためである（この点については後述「3　法人の処罰」を参照）。

2　両罰規定

A　両罰規定の形式と処罰範囲

　法人を処罰する場合の規定としては、「法人の代表者又は法人若しくは人の代理人、使用人その他の従業者」が、「その法人又は人の業務に関して」、「○○の違反行為をしたときは、行為者を罰するほか、その法人又は人に対しても、各本条の罰金刑を科する」などとするのが一般的である。

　では、具体的に法律がどのようにして規定しているか、独占禁止法を例にして見てみよう。

第3条　事業者は、私的独占又は不当な取引制限をしてはならない。

第89条　次の各号のいずれかに該当するものは、5年以下の懲役又は500万円以下の罰金に処する。

一　第3条の規定に違反して私的独占又は不当な取引制限をした者

第95条　法人の代表者又は法人若しくは人の代理人、使用人その他の従業者が、その法人又は人の業務又は財産に関して、次の各号に掲げる規定の違反行為をしたときは、行為者を罰するほか、その法人又は人に対しても、当該各号に定める罰金刑を科する。

一　第89条　5億円以下の罰金

　これらの条文では、まず3条に一定の行為（カルテルのような「不当な取引制限」などの行為）を禁止する規定が置かれ、89条でそれに違反した場合の罰則を定め、95条で行為者に加えて法人も処罰するという規定になっている。このような規定のしかたによって、法人の代表者や従業者などの自然人が処罰できるとともに、業務主である法人も処罰できることを明確にしているのである。

　また、たとえば金融商品取引法は、197条1項で虚偽記載のある有価証券報告書を提出した「者」を10年以下の懲役もしくは1000万円以下の罰金またはこれを併科すると規定し、その上で207条1項において「……その行為者を罰するほか、その法人に対して当該各号に定める罰金刑を、その人に対して各本条の罰金刑を科する」としている。この規定の場合は、法人に対しては207条1項の各号の罰金刑（197条の罪については、1号が定める7億円以下の罰金刑）が科せられ、行為者（自然人）は197条1項の刑（10年以下の懲役若しくは1000万円以下の罰金またはこれを併科する）が科せられる。したがって、両罰規定は、自然人の行為を前提としつつ、併せて法人の刑事責任が問えるように置かれているものといえる。

　しかし、法律によって両罰規定の形式がさまざまであることから、法人が処罰される場合は法律ごとに異なっている。たとえば、独占禁止法は私的独占または不当な取引制限等の行為をした者および法人が処罰できるとしている（95条1項）が、労働基準法は、法人（事業主）[2]が「違反の防止に必要な措置をした場合」は処罰しない（121条1項ただし書）としているなど、法人が処罰される要件は一律に定められているのではない。このように両

罰規定の形式が不統一であることから、法人を処罰する場合の基準や根拠が明確でないとの批判があり、また、行為者（自然人）が刑事責任を問われることと法人が刑事責任を問われることとの関係について、合理的に説明できるのかという疑問も投げかけられている。

B 両罰規定の変遷

　現在のように法律に両罰規定が置かれる以前にも、法人（業務主）を処罰する法律もあった[3]。最初に法人を処罰する条文を定めた法律は、明治33年に制定された「法人ニ於テ租税及葉煙草専売ニ関シ事犯アリタル場合ニ関スル法律」であり、法人の代表者又は雇人（従業者）が法人の業務に関してこの法規に違反する行為をした場合には、法人に対して罰金を科すとしていた[4]。このような規定は、行為者を処罰せずに法人のみを処罰することから、転嫁罰規定あるいは代罰規定といわれている。この法律の規定は、その後のいくつかの法律にも準用あるいは継承されたことから、両罰規定が登場するまでは、法人の処罰は転嫁罰規定によって行われていたといえる。

　両罰規定が初めて取り入れられた法律は、昭和7年制定の「資本逃避防止法」である。それまでの転嫁罰規定では法人の犯罪を抑止することが困難であり、または行為者の責任を不当に法人に転嫁しているといった批判もあったことから、その法人の業務に関して行われたものについては、行為者と法人の両者を処罰できるようにしたものである。その後の戦前の法律にもこうした両罰規定が置かれることとなり、戦後に制定された独占禁止法や証券取引法などにも導入されることとなって現在に至っている。

　なお、独占禁止法や食品衛生法などのように、三罰規定といわれるものが置かれている法律もある。これは行為者・法人・法人代表者の三者を処罰するもので、たとえば独占禁止法のカルテルなどに対する処罰規定は、「その違反の計画を知り、その防止に必要な措置を講ぜず、又はその違反行為を知り、その是正に必要な措置を講じなかった当該法人……の代表者に対しても、各本条の罰金刑を科する」（95条の2）となっていて、これは、従業者が法人の業務に関し違反行為をした場合に、法人に加えて法人の代表者（自然人）も処罰するというものである。ただし、このような規定を置く

法律は多くない。

C　両罰規定における法人の刑罰

両罰規定で法人が処罰される場合、これまでは行為者と法人は同額の罰金刑が定められていた。たとえば労働基準法121条1項や児童買春処罰法11条、麻薬及び向精神薬取締法74条などでは、法人に対しても行為者と同じ罰金刑（法人に対しては自由刑を科すことができないので、罰金刑のみが適用される）が規定されている。これに対して、平成4年の独占禁止法の改正では法人に対する罰金刑が切り離されて規定されるようになり[5]、近年では、特許法201条、著作権法124条、薬事法90条、食品衛生法78条などのように「……行為者を罰するほか、その法人に対して当該各号に定める罰金刑を、その人に対して各本条の罰金刑を科する」として法人に対してはより重い罰金刑を科すようにしている規定が増えている（このような規定の場合には、「当該各号」で法人に対する罰金刑を定め、行為者（自然人）については各本条の罰金刑が科せられることになる）。なお、金融商品取引法207条1項1号では法人に対する罰金刑が7億円以下とされ、法定刑としての罰金の最高額となっている[6]。

法人に対して自然人より重い罰金刑を科すことを、法人重課という。資力という点で自然人と法人とを比較した場合その差は歴然であり、会社に対して行為者と同じ罰金刑を科したところで、犯罪を抑止するという効果はなく、刑罰の感銘力も期待できない。また、自然人については自由刑を科すことができるのに対して、法人には財産刑である罰金刑しか科すことができないという一種の不均衡が生じる。こうした点を考慮して、法人により重い罰金刑を定めることが妥当とされたのである[7]。

3　法人の処罰根拠

A　法人の犯罪能力

かつての刑法理論の主流は、法人に犯罪能力はないとしていた。犯罪と

は、自らの意思をもつ人間の行為のことをさすのであるから、犯罪の主体である「人」は当然のことながら自然人に限られ、意思をもたず行為もない法人が犯罪を行うことはありえないとするのである[8]。しかし、既に述べたように明治期から法人に対する刑罰を定める法律は存在していたことから、法人の犯罪能力をめぐっては古くから論議が交わされていた[9]。

[1] 否定説

　法人の犯罪能力を否定する理由としてあげられるのは、①行為や意思とは肉体をもつ自然人によるものだけをいうのであって、自然人の行為がないところでは法人による行為もないのであるから、犯罪は自然人の行為のみを対象とすれば足りる、②法人の存在は法によって生じるものであり、法が認めない犯罪について法人が関与することはできないはずである、③刑罰は感銘力を有するものであるから、自然人の場合には刑罰の意義を理解し影響を受けることができるが、法人にはそのような精神の状況は認められない、④刑罰の体系は自然人を前提にして構成されているのであって、法人のように財産刑しか科せられないようなものは本来の刑罰の対象とはならない、⑤行為者を処罰できるのであれば、重ねて法人に刑罰を科すことは二重に処罰することになるが、無益であり無用である、などというものである。

　しかし、否定説は伝統的な犯罪概念に立った上で、法人の犯罪能力を否定するものであって、法人を処罰すること自体を否定していたのではない。自然人の犯罪とは異なる独自の根拠を与えて、法人の処罰を認めていたのである。それは、最初に代罰規定を置いた「法人ニ於テ租税及葉煙草専売ニ関シ事犯アリタル場合ニ関スル法律」の審議過程での論議においても、法人の代表者を処罰することと法人自体を処罰することでは目的が違うのであり、また、法人から不法な利益を剥奪しなければ違反行為を防止することができなくなることなどが、法人の処罰理由としてあげられていた。ただしこの法律以後、自然人ではなく法人だけを処罰する法律は制定されているが、法人の犯罪能力が理論的に認められたわけではないといえる。となれば、否定説を徹底する限りは犯罪を行うことによって問われるべき行為責任を前提とせずに刑罰が科せられることになるのであるから、犯罪

能力を否定しながら法人の処罰を認めることになり、責任主義に反するものといえる。

[2] 肯定説

肯定説は、否定説が自然人の行為と法人に対する刑罰を切り離して刑事責任を認めることを批判し、法人を処罰するためには法人自体に犯罪を行う能力が備わっていることが必要であるとする。肯定説にもさまざまな見解がある。まず、過失擬制説は、自然人の行為によって法人の過失が擬制されるとするものであるが、法人には常に責任が認められることになるため、実質的には責任主義に反することになるとの疑問が生じる。純過失説は、自然人の過失と同様に法人の過失も独立して立証されなければならないとするものである。ただし、この場合も法人自体の過失は抽象的で範囲も広くなる可能性があるため多くの場合に過失が認められるか、反対に厳格に限定してしまうと大きな組織であればあるほど法人の過失は認められないことになり、実際上は法人を処罰できなくなる。

これに対して過失推定説は、行政上の取締りを目的として定められている違反行為（犯罪）については、法人自体に義務が課せられているのであるから、義務違反行為を行うのは法人であるとしつつ、他方では、法人が無過失を立証すれば犯罪とはならないとし、法人の過失を処罰根拠とすることによって責任主義に反しないように理論構成する。また、かつての判例は無過失転嫁責任説をとっていたが、現在は過失推定説に立っている。その最初のものとして、キャバレーの経営者が入場税法違反に問われた事案で、両罰規定（廃止前の17条ノ3）においては、事業主として行為者（この事案では支配人と経理部長）の選任、監督その他の違反行為を防止するために必要な注意を尽くさなかった過失の存在が推定され、注意義務を尽くしたという証明がない限り、事業者の刑事責任は免れないとした（最大判昭和32・11・27刑集11-12-3113）。

さらに最高裁は、株式会社が被告人である事案において、平取締役や従業員らが行った外為法違反行為に関する両罰規定（当時の73条）のもとで、法人である事業主（株式会社）についても、法人処罰においては過失が必要であるとしつつ、過失がないことを証明しない限りは刑事責任が認められ

るとした（最判昭和 40・3・26 刑集 19-2-83）。しかし、この判例は、自然人（平取締役ら）の行為について法人自体が独自の過失責任を負うものなのか、自然人（平取締役ら）の行為について、まず自然人である法人の代表者（代表取締役）の過失があり、その過失が法人の過失として見做される、あるいは転嫁されると考えるのか、明らかにしているわけではない。この点で、事業者が自然人であった昭和 32 年大法廷判決が示した理論構成だけでは、法人自体の刑事責任の根拠が説明されているとはいえないのである。

B　法人の刑事責任、企業の刑事責任

　法人の犯罪能力を認めるか認めないかということとは別に、なぜ法人が処罰されるのかという法人処罰の根拠、法人の刑事責任の本質をめぐる議論が展開されており、近年では一層活発になっている。これについては大きく 2 つの理論モデルがあるとされる。

[1] 同一視理論

　同一視理論とは、業務に関する法人の代表者や従業者らの自然人の行為は、法人自体の意思や行為として現れるものであるから、これを同一視して法人の刑事責任を認めようとするものである。したがって当該行為者について構成要件を充足する事実が認められれば、法人の犯罪も成立することになる。ただし、誰の行為が法人と同一視できるのかについては見解が分かれており、法人と同一視できるのは法人の代表者に限られるとするものと、全ての従業員の行為まで含めて同一視できるとするものがある。同一視理論に対しては、自然人の行為が処罰できるのであればそれぞれを処罰すればよいのであって、それに加えて法人を処罰する必要がなぜ生じるのか説明ができないという批判や、大企業などにおいては末端の従業者の行為と法人の行為とを結びつけるのは困難であるという批判がある。これに対しては、企業自体の処罰によって企業が不利益を受けることで、その法人に属している自然人もさらに間接的な不利益を受けることとなるから、それが自然人の犯罪の抑止となり企業の犯罪の抑止につながるという反論もある。また、自然人に対するスティグマ（犯罪者であるという烙印が押されること）と企業に対するスティグマは別のものであり、その効果は違うもの

であるという考え方もある。

[2] 組織モデル

　同一視理論が自然人の行為を前提とするのに対し、組織モデルは自然人とは別の法人自体の行為があることを認める。つまり企業自体の行為が犯罪を構成するかどうかの判断が求められるのであって、たとえば過失犯のような場合では企業自体に課せられた注意義務に違反する事実があれば、従業者の注意義務とは関係なく、企業自体の犯罪が成立することになる。これを理論化した最初のものが企業組織体責任論であり、内部においては複雑で不特定なものでも外部から見て一体のものとして捉えられるのであればこれを組織体の責任として確定し、その上で個々の行為者の責任を捉えるというものである。また、自然人の行為が存在するだけでは法人の行為とはならず、法人としてその行為（犯罪）が回避できたにもかかわらず、それを防止する内部的な監視体制を整えていなかったことが犯罪を生じさせた、ということで法人の責任を認めようとする見解もある。こうした見解によれば、企業のコンプライアンス・プログラムが充分であったにもかかわらず従業者が犯罪を行った場合、企業の刑事責任は問われないこともありえよう。

　組織モデルは、同一視理論を全く否定するものではない。組織としての法人による犯罪かどうかの判断は、法人の代表者や従業者の行為と無関係に行うことはできないからである。ただし同様のことは、同一視理論にもいえることで、組織の中での役割や従業者間の関係を考慮することなく、行為者の責任と法人の責任を論ずることはできないといえる。そのことは立法論などで企業の刑事責任をどこまで問うべきなのかということなどが検討される際に、より重要な意義を有することになろう。

4 刑罰と他の法的制裁の関係

A 刑罰以外の法的制裁

　企業犯罪に対しては刑罰以外の法的制裁を課せられることもある。むしろ企業活動によって生じる犯罪の場合は、犯罪としては処罰されず、他の法的制裁だけが課せられることのほうが多いともいえる。たとえば、企業が重大な欠陥のある商品を販売して購入者に傷害を負わせた場合でも、業務上過失傷害罪などで起訴されずに、被害者が民事裁判で損害賠償責任を求めるだけで終わることもある。また、刑罰が科せられているような法令違反の業務を行ったとしても、業務改善命令などの行政処分が課せられることで決着することのほうが多いのである。刑罰以外の法的措置や解決手段のほうが迅速で簡易に行えることもあり、また違反行為を抑止するという観点からも効果が大きいといえる場合も少なくない。

　刑罰以外の法的制裁はさまざまである。まず行政制裁としては、過料・反則金・加算税などの金銭的制裁、許認可の取消や業務停止・業務改善命令などの行為制限、義務の不履行等があった場合にその事実を公表する制度、などがある。さらに、会社法824条などは解散命令を定めており、会社という法人にとっては究極的な制裁といえる。また、民事制裁については、独占禁止法25条や不正競争防止法4条などが民法上とは別に損害賠償規定を置き、特許法100条や著作権法112条などで差止請求権が規定されていることなど、これらは違反行為に対する法的な措置として制裁的性格を有するものといえる[10]。

B 課徴金

　刑罰以外の制裁として最も抑止効果があると思われる行政制裁として課徴金がある。課徴金は、違反行為者に対して金銭的不利益を課す行政上の措置であり、制度として導入されたのは昭和47年の独占禁止法改正のときである。当時はカルテルなどの違反行為によって得た不当な利益を剥奪する手段が不充分であったことから、違反をしても「やり得」にならないように、違反行為中の売上額などに一定の算定率[11]をかけた金額を国庫に

納付させることにして、抑止効果を上げようとしたものである[12]。なお、違反行為が犯罪であるときは刑罰も科せられることから、同じ行為について罰金刑と課徴金という金銭的制裁が二重に科せられることになり、憲法が禁じている二重処罰（39条）にあたるのではないかとの批判もあるが、このような立場をとる学説は少なく、判例もこれを否定している[13]。独占禁止法以外でも、平成17年には証券取引法（現・金融商品取引法）が課徴金制度を採り入れ、平成19年には公認会計士法でも導入された（31条の2）。現在では、企業活動によって生じる重大な違反行為に対する金銭的制裁の中心は、課徴金制度にあるといってよいだろう。

　課徴金制度が金銭的制裁として機能しているといえるのは、ほとんどの場合で課徴金額が罰金額を上回っていることからも明らかである。独占禁止法違反事件に関し、1つの事件に課せられた課徴金のこれまでの最高額は270億円（平成19年・ごみ焼却炉建設工事談合事件、違反5社）で、次いで155億円（平成21年・亜鉛メッキ鋼板カルテル事件、違反3社）である。また、1社に対するものとしては96億円（平成24年・車用電線カルテル事件、違反3社の合計128億円）が最高である[14]。これに対して罰金額がこのように多額になることはなく、4つの罪に対する罰金として6億4,000万円が科せられたにとどまる。なお、課徴金と罰金刑が併科される場合、罰金額の2分の1に相当する額が課徴金から差し引かれることになる（独禁7条の2第19項）。

　平成17年の独占禁止法改正では課徴金の減免制度（リーニエンシー）が導入された。一定の要件のもとで、自らの違反行為について公正取引委員会に報告し、資料を提出した事業者に対して、課徴金を免除・減額する制度である（7条の2第10項以下）。これは、事業者自身に違反事実を申告させる機会と動機を与えることで、発見することが難しい違反状態を排除することができ、違反行為に関する証拠も収集しやすくなることなど、課徴金制度の抑止効果をより高めることを目的とするものである[15]。また、一定の要件を充たす者については刑事告発を行わない旨の方針も明らかにされている（独占禁止法違反に対する刑事告発及び犯則事件の調査に関する公正取引委員会の方針・平成21年10月23日改正）。

　独占禁止法上の違反行為については、課徴金という行政制裁が主たる機能をもち、刑罰は副次的に存在しているようにも見える。

C　企業犯罪に対する刑罰の在り方

　金銭的制裁という性質だけで見ると、金額が大きいほど抑止効果が上がるということはいえる。抑止という観点からすれば、課徴金に限らず、株主代表訴訟などによって莫大な損害賠償責任を負わなければならないリスクがあれば、企業が違反行為をすることについて思いとどまる経営者も多いだろう。また、直接的な金銭的制裁とはいえない営業停止命令も、間接的には売上の減少などという金銭的な損害を生じさせることになり、それを避けようとする心理は小さくないはずである。一方で、法人に対する罰金額は、自然人に対する規定と切り離されてから引き上げられているが、抑止力という点で見た場合にどれほどの効果が出ているのか明らかではない[16]。また、法人税法などでは、脱税額が法廷刑の罰金額を超えるときは、罰金額を引き上げることも可能とするスライド制度が置かれているが（法人159条2項。同様の規定として外為法69条の6など）、その他の法令において積極的に導入されているわけではない。

　しかし、金額の多寡にかかわらず、刑罰としての罰金にはスティグマとしての意味はある。企業が犯罪を行ったという烙印は金額によって影響を受けるものではない。刑罰が科せられた事実自体が重要となり、これが刑罰の感銘力であって、刑罰の本質に関わるものである。

　では、刑罰による企業へのスティグマは機能しているだろうか。たとえば独禁法違反行為に対しては、カルテルの取締りが厳しくなる中で刑事告発が行われ罰金刑が科せられていたが、課徴金制度の充実化が図られるとともに、刑事責任の追及やその期待も薄れつつある。平成19年頃から多発する食品偽装事件が社会問題化したときにも、単なる法令違反行為ではなく犯罪に該当するような事実があったにもかかわらず、事件のほとんどは行政制裁によって処理され、刑事責任を問われるケースは一部にしか過ぎなかった。かつて、法人の犯罪能力を否定する見解に対して、古い犯罪概念とそれを前提とした刑罰の体系は再考されるべきとの批判があったが、今日において企業の刑事責任を考えるときにも同様のことが当てはまる。そのときには企業による違反行為に対する刑罰の役割は小さくなることもありえよう。今後、民事制裁や行政制裁との関係を考慮しながら、新たな刑事制裁の在り方を論じることが望まれる。

コラム　事故原因の究明と責任者の処罰

　日本航空のジャンボジェット機墜落事故や JR 西日本の尼崎脱線事故、そして東京電力の福島第 1 原子力発電所事故などのように、社会に大きな衝撃を与えた企業災害や事故が生じた場合には、原因を究明し再発を防止するために事故調査が行われます。また一方では、それぞれの会社の経営者や現場の責任者・担当者の責任を問うための捜査も行われます。ただし、事故調査は国土交通省や国会などが設置する委員会などが実施し、犯罪については警察などの捜査機関が行いますので、1 つの事故について別々の組織が異なった目的で調べることになります。

　大災害や大事故の多くの場合、原因を特定することや事故に至るまでのプロセスを明らかにすることは非常に困難です。規模が大きければ大きいほど複雑になり、調査の範囲も広がって、対象となる人数も大幅に増えます。警察による捜査の場合も同様で、行為者や責任者がそれぞれの立場で起こった結果に対してどの程度予見し認識できたか、取調べを行った上で、裁判で認められるような証拠を集めることは簡単ではないのです。

　そこで問題なのは、経営者や従業員の判断ミスが重大な結果を招いたとしても、関係者たちが自分の責任が問われないよう、あるいは会社を守ろうとするために真実を明らかにしない場合には、事故の本当の原因がわからないままになってしまうことです。事故に至るまでの経過や行動が不明のまま放置されると、災害や事故が繰り返されることになりかねません。しかし、処罰されることが明らかであるにもかかわらず、自分にとって不利な事実を強制的に供述させることは法律上できません。

　したがって、大事故の原因を解明し、再発を防止することを最優先にして、真実を話せば個人の責任を問わない、という考え方も必要かもしれません。そのためには、警察などの行政機関の連携だけでなく、裁判所の判断や立法的な措置まで含めて検討しなければならないでしょう。

もっと知りたい方へ
- 畑村洋太郎『失敗学実践講義〔文庫増補版〕』（講談社文庫、2010）

注)
1) この数は加速度的に増えている。神山敏雄ほか編〔髙山佳奈子執筆〕『新経済刑法入門〔第2版〕』(成文堂、2013)60。なお、川崎友巳『企業の刑事責任』(成文堂、2004)3以下参照。
2) 事業主(業務主)には、自然人事業主と法人事業主がある。自然人事業主は、肉体をもつ自然人ではあっても自ら行動するという存在ではなく、業務主としての名。
3) 業務主(事業主)を処罰するということで、業務主処罰規定(事業主処罰規定)ともいわれる。業務主処罰規定という場合、業務主だけを処罰する転嫁罰規定と行為者と事業主の両者を処罰する両罰規定を含んだ概念をさしていたが、現行法の規定からすれば、業務主処罰規定は両罰規定と一致するものと見られる。
4) 両罰規定が置かれるに至った経緯などについては、田中利幸「法人処罰と両罰規定」中山研一ほか編『現代刑法講座 第1巻 刑法の基礎理論』(成文堂、1977)を参照。
5) 平成4年の改正では1億円以下の罰金刑となっていたが、平成14年の改正で5億円に引き上げられている。
6) 併合罪(被告人の行為について複数の犯罪が成立するときに刑を加重することができる)の場合、複数の犯罪について罰金刑のみが科せられるときは合算主義がとられている。たとえば、条文に1億円の罰金刑が規定されている(これを法定刑という)犯罪を10回行ったときには、10億円を上限として罰金刑を科すことができ(処断刑の上限が10億円となる)、その上で5億円の罰金刑を言い渡す(言い渡した刑を宣告刑という)、ということになる。
7) なお、山口厚編〔樋口亮介執筆〕『経済刑法』(商事法務、2012)358以下の問題点も参照。
8) 明治期からの学説の状況については田中・前掲注4)を参照。また、これまでの学説を詳細に分析するものとして、川崎・前掲注1)および樋口亮介『法人処罰と刑法理論』(東京大学出版会、2009)がある。
9) 法人処罰に関する立法の状況や学説の対立については、八木胖『業務主体処罰規定の研究』(酒井書店、1955)を参照。
10) 日本は導入していないが、アメリカなどの懲罰的損害賠償制度は、より端的に民事制裁としての性格を強く持つものといえる。また、アメリカのクラス・アクション制度は、独占禁止法などの違反行為について損害賠償訴訟を起こす場合に、一定の被害者が同様の被害者のために訴えを提起すれば、その結果は全員に及ぶというもので、消費者保護という観点からも重視されている。
11) 算定率は、違反行為の態様・業種・企業の規模によって異なっている(独禁7条の2)。
12) 最高裁は、課徴金制度の趣旨は「カルテルの摘発に伴う不利益を増大させてその経済的誘因を小さくし、カルテルの予防効果を強化することを目的として、既存の刑事罰の定め(独禁89条)やカルテルによる損害を回復するための損害賠償制度(独禁25条)に加えて設けられたものであり、カルテル禁止の実効性確保のための行政上の措置として機動的に発動できるようにしたものである」(最判平成17・9・13民集59-7-1950)としている。
13) たとえば、社会保険庁シール談合審決取消事件において「カルテル行為を理由に……課徴金の納付を命ずることが、憲法39条、29条、31条に反しない」としている(最判平成10・10・

13 判時 1662-83)。ただし、この事件の控訴審で東京高裁は、「カルテル行為に対しては別途刑事罰を規定しているから、課徴金の納付を命ずることが制裁的色彩を持つとすれば、それは二重処罰を禁止する憲法 39 条に違反することになる」としていた (東京高判平成 13・2・8 判時 1742-96)。

14) 課徴金納付命令が出された過去のケースや最新の情報などは、公正取引委員会のホームページを参照。

なお、EU では、エレベータ価格カルテルについて、欧米日の 5 社に対して 1,600 億円の課徴金を命じている。

15) 公正取引委員会のホームページによれば、この制度を利用した件数は、平成 18 年から 24 年 3 月までで 623 件である。

16) アメリカでは、罰金刑に違法な収益の剥奪という性質があり、加えて犯罪の数ごとに多額の罰金が科せられることから、総額が極めて大きくなる。1995 年に発覚した大和銀行ニューヨーク支店の行員による巨額損失事件に関して、関係当局に対する報告義務違反や重罪隠匿行為などがあったとして、大和銀行は 3 億 4,000 万ドルの罰金を支払っている。

知識を確認しよう

問題

(1) 企業自体が犯罪を行うということは具体的にどのような場合をいうのか。その企業に属している自然人の犯罪とどこが違うのか説明しなさい。

(2) 企業犯罪に対して、最も効果的と考えられる制裁は何か。

解答への手がかり

(1) 企業の経営者の行為は常に企業自体の行為であるといえるのか。個々の従業者の行為が集まったものが企業の行為なのか。

(2) 刑罰と刑罰以外の法的制裁との違いは何か。制裁は何のために課すのか。さらに、法的制裁以外にどのような制裁があるのか。

第4章 組織犯罪に備える

本章のポイント

1. 組織犯罪とは、広い意味では、「団体の目的又は意思を実現するために、組織によって行われる行為が犯罪となるもの」をいう。ここでは、暴力団の犯罪とテロ犯罪について、第二次世界大戦後の規制状況を概観し、この種の犯罪の根絶が困難であることを示す。
2. 組織犯罪の特徴と組織犯罪対策の特徴を示し、これに関連して、ラートブルフの確信犯人論とヤコブスの敵味方刑法論を紹介する。
3. 「組織犯罪に備える」には、①被害者にならないように備える、②加害者にならないように備える、③規制により人権が侵害されないように備える、の三側面がある。特に③に関して、「衝突する規範間の調整」を考える必要がある。

1 はじめに──組織犯罪とは

　組織犯罪とは、広い意味では、「団体の目的又は意思を実現するために、組織によって行われる行為が犯罪となるもの」をいう。この定義は、「組織的な犯罪の処罰及び犯罪収益の規制等に関する法律」（以下「組犯法」という）を基にしている。

　組犯法は、「団体」について、「共同の目的を有する多数人の継続的結合体であって、その目的又は意思を実現する行為の全部又は一部が組織（指揮命令に基づき、あらかじめ定められた任務の分担に従って構成員が一体として行動する人の結合体をいう。以下同じ。）により反復して行われるものをいう」と規定している（2条1項）。立法作業等を担当した者の解説によれば、この「団体」は、「暴力団その他犯罪の実行を目的とするものには限定されない」のであり、会社等も含まれる[1]。したがって、広い意味での組織犯罪には、反社会的集団（組織暴力団、麻薬組織、密輸組織、テロ組織、窃盗団など）に関わる犯罪のほかに合法的団体に関わる犯罪が含まれることになる。

　もっとも、これに企業災害のような過失犯は含まれないし[2]、法人処罰に関わる経済犯罪は第3章の"管轄"である。そこで、この章では、主に暴力団の犯罪やテロ犯罪について述べることにする[3]。

2 戦後の組織犯罪とその規制

A 暴力団関係の組織犯罪とその規制

　第二次世界大戦終了直後（1945年）の日本の社会・経済状況は既成の秩序の崩壊した混乱状況にあり、復興に向かった後も、「闇市」に象徴されるように、国による統制や秩序維持は困難を極めた。このような状況の下で、博徒や的屋の集団が活動を再開し、青少年不良団や愚連隊といった反社会的集団も生まれた。第一次暴力団検挙（1946年9月）により30,512名の各種暴力組織（博徒、的屋、青少年不良団、港湾暴力団など）の構成員等が検挙され

た[4]。このような暴力組織は、まだ小規模のものであり、親分子分といった疑似血縁関係に支配され、親分が賭博、ノミ行為、売春、ゆすり、たかり（恐喝）等によって得た資金の中から子分に金を渡していた。そのため、刑法典の共犯規定を用いて組織犯罪を規制することが比較的容易であった[5]。立法による対策としては、凶器準備集合罪、結集罪（当時の刑208条の2。現在の刑208条の3）、証人等威迫罪（刑105条の2）の新設など刑法典上の罰則の整備がなされた程度であった。

　国民所得倍増計画（1960年）などの政策によって高度経済成長期に入ると、暴力組織は、財政収入を得る手段を多様化するとともに警察による取締を回避するため、風俗営業、不動産業、土建業、金融業といった分野に進出する。また、警察の取締りによって壊滅させられた組織の構成員を他の組織が吸収することによって、組織が大規模化し始める。組織の拡大は収益をあげるためにも組織防衛のためにも好都合であることから、特定の暴力組織が傘下に二次団体、三次団体といった下部組織を抱えるようになり、広域暴力団が発生する。1963年には暴力団員の数は18万人台に達した。警察は「第一次頂上作戦」（1964年）により幹部を検挙し組織を解散に追い込んだ。しかし、1970年頃になると幹部が刑務所から出てきて組織を復活させるようになり、結局、組織を根絶することはできなかった。この頃から暴力団員は民事事件に介入して資金を獲得するようになる。このような「民事介入暴力」——例えば、債権取立、倒産整理、示談強要、融資強要、地上げ（強引に土地を買い集めまとめて転売して利益を上げること）などは、犯罪性の立証が困難であり、警察は民事に介入すべきではない（民事不介入）とされていたこともあって、容易に取り締ることができない。そうなると、暴力団には、民事介入暴力を主要な資金源とし、その陰で薬物売買などによる資金獲得も続けるという、「多角化」の傾向が見られるようになる[6]。さらに、覚せい剤等を海外から輸入するなど、海外進出の傾向も見られ始める。Yakuzaは国外でも知られるようになり、国際的なマネー・ロンダリング（money laundering 資金洗浄）なども行われるようになる。海外の犯罪組織も日本に進出してくるようになり、日本の暴力団との角逐や提携が見られるようにもなる（国際化の傾向）。

　1985年以降、暴力団員数自体は減少しても指定三団体（山口組、稲川会、住

吉会)の構成員数は増加するという現象が生じている。これは、その後も暴力団の大規模化が進んでいることを意味する。

このように多角化、国際化、大規模化した暴力団の犯罪には、刑法典上の共犯規定や処罰規定だけでは十分な対処ができない。そこで、1991 (平成3) 年には、「暴力団員による不当な行為の防止等に関する法律」(以下「暴力団法」という) や「国際的な協力の下に規制薬物に係る不正行為を助長する行為等の防止を図るための麻薬及び向精神薬取締法等の特例等に関する法律」(以下「麻薬特例法」という) が制定され、また、「麻薬及び向精神薬取締法等の一部を改正する法律」も成立した。

暴力団法は、暴力団員の行う暴力的要求行為等の規制などにより「市民生活の安全と平穏の確保を図り、もって国民の自由と権利を保護すること」を目的とし (1条)、「暴力団」を「その団体の構成員 (その団体の構成団体の構成員を含む。) が集団的に又は常習的に暴力的不法行為等を行うことを助長するおそれがある団体」と定義し (2条)、都道府県公安委員会において、暴力的要求行為の規制 (9~12条の6) や対立抗争時の事務所の使用制限 (15~15条の4)、加入の強要や脱退の妨害の禁止 (16~28条) などができるものとしている。基本的に、必要な規制は、司法 (裁判所) の判断を経ることなく行えるようになっている。

麻薬特例法は、「薬物犯罪による薬物犯罪収益等をはく奪すること等により、規制薬物に係る不正行為が行われる主要な要因を国際的な協力の下に除去することの重要性にかんがみ」制定された法律である (1条)。薬物犯罪による利益を剥奪しなければ薬物犯罪規制は功を奏しないという考えによるものである。また、この法律は、犯罪組織を摘発するために、規制薬物を所持していると疑われる外国人の入国や規制薬物の輸入を監視付きで許可できるとしている (3条・4条——輸入許可は監視付移転ないしコントロールド・デリバリー〔controlled delivery〕と呼ばれる)。

このようにしても、暴力団とその犯罪はなくならない。2011年末現在で、暴力団構成員の総数は 32,700 (なお、準構成員数は 37,600) であり、そのうち、主要三団体 (六代目山口組、稲川会、住吉会) に属する構成員の数は約 24,800 (全暴力団構成員数の約76%) となっている[7]。

B テロ関係の組織犯罪とその規制

政治目的やイデオロギーを基に結成された団体ないし組織によるテロ活動は第二次世界大戦以前から発生していた。戦後、占領下の日本においては、暴力主義的団体を規制するため、1946（昭和21）年にいわゆる勅令101号が制定された。これが整備されて1949（昭和24）年には団体等規制令となる。やがて連合国との講和条約が発効し占領法規が失効すると、1952（昭和27）年に破壊活動防止法（以下「破防法」という）が制定されるに至る。破防法は、団体の活動として「暴力主義的破壊活動」を行った団体に対する規制措置を定めるとともに、このような活動に関する刑罰規定を補し公共の安全の確保に寄与することを目的とする法律であり（1条）、「国民の基本的人権に重大な関係を有するものであるから、公共の安全の確保のために必要な最小限度においてのみ適用」すべきであり（2条）、規制および規制のための調査によって「思想、信教、集会、結社、表現及び学問の自由並びに勤労者の団結し、及び団体行動をする権利その他日本国憲法の保障する国民の自由と権利」を不当に制限するようなことがあってはならない（3条1項）と明文で定めている。その主な内容は、公安審査委員会による「破壊的団体」（団体の活動として暴力主義的破壊活動を行った団体）の規制（5～10条）、公安調査官による調査（27～34条）、内乱・外患の罪の教唆、せん動等の処罰（38条）、政治目的のための放火・殺人・強盗の罪等の予備、陰謀、教唆、せん動の処罰（39条）、政治目的のための騒乱の罪等の予備、陰謀、教唆、せん動の処罰（40条）といったものになる。破防法（38条2項）違反の罪による起訴は、1952年中に、日本共産党関係の文書配布に関わる4事件（京都事件、津事件、岐阜事件、釧路事件）についてなされたものの、いずれも無罪となった。1961年に至ると、三無事件（永久無税、永久無失業、永久無戦争を骨子とする「三無主義」を唱える者らが、共産主義革命を防止するため、国会を急襲して議員等を監禁し三無主義政策を実施すべく、準備をした事件）についての起訴（39条・40条違反）がなされ、最終的に一部の者が有罪になった。さらに、日本共産党から離反した者が革命的共産主義者同盟（革共同）や共産主義者同盟（共産同。この系列から1969年に赤軍派が形成される）などの組織を形成して活動するようになり[8]、1969年から1971年にかけて、大菩薩峠事件（共産同赤軍派議長が、首相官邸を襲撃すべく大菩薩峠で軍事訓練をした事件）、沖縄デー事件（革共同な

どの関係者が、集会で「首相官邸占拠」等を唱える演説をした事件)、渋谷暴動事件 (中核派全学連の中央執行委員長が、集会で「渋谷大暴動の実現」等を唱える演説をした事件) につき、破防法 (39 条・40 条) 違反の罪による起訴がなされることになる[9]。

赤軍派 (日本赤軍) の者は、大菩薩峠事件の後、80 年代に至るまでに複数のテロ事件を起こした。有名なのは、よど号ハイジャック事件 (1970 年 3 月) である。これは、赤軍派と称する者 9 名が日本航空の航空機「よど号」をハイジャックして朝鮮民主主義人民共和国に渡ったという、日本最初のハイジャック事件である。その後も、例えば次のような事件が赤軍派関係者によって起こされている。

 1972 年　テルアビブ空港乱射事件 (テルアビブ近郊の空港において自動小銃を乱射したりした事件)
 1973 年　ドバイ日航機ハイジャック事件 (日航機をハイジャックして身代金と日本赤軍のメンバーの釈放を要求した事件)
 1974 年　ハーグ事件 (ハーグのフランス大使館を占拠して身代金と日本赤軍のメンバーの釈放を要求した事件)
 1975 年　クアラルンプール事件 (クアラルンプールのアメリカ大使館等を占拠して活動家の釈放を要求した事件)
 1977 年　ダッカ日航機ハイジャック事件 (日航機をハイジャックして身代金と服役または勾留中の者の釈放を要求した事件)
 1986 年　ジャカルタ事件 (ジャカルタのアメリカ大使館にロケット弾を発射した事件)
 1987 年　ローマ事件 (ローマのアメリカ大使館等にロケット弾を発射したりした事件)

その後注目を集めたのは、オウム真理教の関係者による化学兵器サリンを用いた無差別大量殺人事件である。松本サリン事件 (1994 年) は、長野地方裁判所松本支部の裁判官と付近の住民を殺害すべくサリンを噴霧し、7 名を殺害し 144 名を負傷させたという事件である。地下鉄サリン事件 (1995 年) は、教団に対する強制捜査の実施を不可能にするべく、朝のラッシュ時に霞が関近辺の地下鉄 3 路線の車内でサリンを発生させ、12 名を殺害し約 5,500 名を負傷させたという事件である。教団代表らが逮捕されて殺人罪などで起訴され、多くの者に死刑判決が下された。また、1996 年に公安調査庁長官は破防法に基づいて公安審査委員会に対し、教団を解散指

定処分に付するよう請求を行った。しかし、この請求は1997年に棄却されるに至っている。その後、1999（平成11）年に「無差別大量殺人行為を行った団体の規制に関する法律」（以下「団体規制法」という）が制定され、翌2000年には同法による観察処分が教団に対してなされている[10]。

団体規制法は、「団体の活動として役職員（代表者、主幹者その他いかなる名称であるかを問わず当該団体の事務に従事する者をいう。以下同じ。）又は構成員が、例えばサリンを使用するなどして、無差別大量殺人行為を行った団体につき、その活動状況を明らかにし又は当該行為の再発を防止するために必要な規制措置を定め、もって国民の生活の平穏を含む公共の安全に寄与すること」を目的とする法律である（1条）。規制措置は、破防法に似て、公安審査委員会の決定により行うものとされている。ただ、団体規制法は、観察処分（5条）、再発防止処分（8条）について規定しているほか、観察処分を受けている団体の施設に公安調査官が立ち入って検査できるとしており（7条）、団体を公安調査庁による継続的な監視下に置くことを意図したものであるといえる。

C 組織犯罪対策関連三法による組織犯罪の規制

団体規制法成立の年には、組織犯罪対策のため、組織犯罪対策関連三法——前述の組犯法のほか「犯罪捜査のための通信傍受に関する法律」（以下「通信傍受法」という）、「刑事訴訟法の一部を改正する法律」（これにより刑訴222条の2・295条2項・299条の2を新設）も成立している。

組犯法は、「組織的な犯罪が平穏かつ健全な社会生活を著しく害し、及び犯罪による収益がこの種の犯罪を助長するとともに、これを用いた事業活動への干渉が健全な経済活動に重大な悪影響を与えることにかんがみ、組織的に行われた殺人等の行為に対する処罰を強化し、犯罪による収益の隠匿及び収受並びにこれを用いた法人等の事業経営の支配を目的とする行為を処罰するとともに、犯罪による収益に係る没収及び追徴の特例等について定めること」を目的とする法律である（1条）。主な内容としては、組織により行われた殺人罪等（あるいは団体に不正権益を得させる等の目的で行われた殺人罪等）の罪を犯した者の加重処罰（3条）、犯罪収益等の取得・処分につき事実を仮装する行為および犯罪収益等を隠匿する行為の処罰（10条）、情

を知って犯罪収益等を収受する行為の処罰（11条）、犯罪収益等の没収・追徴（13〜21条）、没収・追徴を回避するための財産の処分を禁止する没収保全命令（22〜41条）・追徴保全命令（42〜49条）といったものがあげられる。

通信傍受法は、「組織的な犯罪が平穏かつ健全な社会生活を著しく害していることにかんがみ、数人の共謀によって実行される組織的な殺人、薬物及び銃器の不正取引に係る犯罪等の重大犯罪において、犯人間の相互連絡等に用いられる電話その他の電気通信の傍受を行わなければ事案の真相を解明することが著しく困難な場合が増加する状況にあることを踏まえ、これに適切に対処するため必要な刑事訴訟法〔……〕に規定する電気通信の傍受を行う強制の処分に関し、通信の秘密を不当に侵害することなく事案の真相の的確な解明に資するよう、その要件、手続その他必要な事項を定めること」を目的とする法律である（1条）。その内容は、裁判官の発する傍受令状により、検察官・司法警察員は、通信の当事者のいずれの同意も得ることなく電話その他の電気通信を受けることができるというものである（3条）。組織犯罪対策として、関係者間の通信（電話による通話）の傍受（俗にいう"盗聴"）が有効であると認められることから、これに関する特別法を制定したものである（これ以前に、検証許可状〔刑訴218条1項〕によって電話傍受をした例がある。最決平成11・12・16刑集53-9-1327参照）。

D　9・11アメリカ同時多発テロとテロ対策関連三法

2001年9月11日、アメリカ合衆国で、航空機4機をハイジャックして世界貿易センタービルなどに激突させるという9・11アメリカ同時多発テロ事件が発生した（2機は世界貿易センタービルに激突、1機は国防総省庁舎に激突、1機は目標に至らず墜落）。アメリカ合衆国政府は、この事件がテロ組織「アルカーイダ」によるものと判断し、アフガニスタンを実効支配しているタリバン政権にアルカーイダの指導者の引渡を要求したものの拒絶され、軍事力による攻撃を加えた。

日本においては、アメリカ合衆国や国連の要請を受けて、テロ対策関連三法──「平成十三年九月十一日のアメリカ合衆国において発生したテロリストによる攻撃等に対応して行われる国際連合憲章の目的達成のための諸外国の活動に対して我が国が実施する措置及び関連する国際連合決議等

に基づく人道的措置に関する特別措置法」(テロ対策特別措置法)、「自衛隊法の一部を改正する法律」、「海上保安庁法の一部を改正する法律」が成立した。テロ対策特別措置法は、日本国外における自衛隊の部隊等による協力支援活動、捜索救助活動、被災民救援活動などの「対応措置」を可能にするものであり、時限立法であって後に失効する。その後、2008 (平成20) 年1月には (やはり時限立法として) 補給支援特別措置法 (新テロ対策特別措置法) が成立している。ここに至って、テロ関係の組織犯罪との闘いは、国際紛争の観を呈するようになったといえる。

このように軍事力を投入してもテロ組織やテロはなくならない。2013年1月には、アルカーイダ系の武装勢力がアルジェリア東部の天然ガス精製プラントを襲撃して日本人を含む人質を拘束し、アルジェリア軍との戦闘の結果、日本人10人が死亡するという事件 (アルジェリア人質拘束事件) が発生している。

3 組織犯罪の特徴

A 高度の犯罪遂行能力

前述したことからもわかるように、組織犯罪は、非組織犯罪 (個人的犯罪) をはるかに上回る犯罪遂行能力を持つ。一般に、犯罪行為をなす者が1人である場合に比べて、2人以上である場合の方が、犯罪遂行能力や法益侵害の程度は高まる。これが組織犯罪になると、かなりの数の者が指揮命令に基づき、各自任務 (犯罪の直接実行に限らず、目標の選定や武器等の調達、逃走手段の確保など) を分担し連携して犯罪を遂行するのであるから、犯罪遂行能力は極めて高くなる。その上、犯罪組織の構成員は"犯罪のプロ"であって、高度の犯罪技術を保有しており、何度も犯行を反復することになるから、個人や社会はもとより、国にとっても脅威となる。

B　抑止の困難性
[1]　検挙の困難性
　組織犯罪を抑止することは極めて困難である。複数の"犯罪のプロ"が連携して行う犯罪においては、行為者の検挙（犯罪者を特定し刑罰を科しうる状態に置くこと）自体難しい。しかも、犯罪組織は、"組織防衛"に注意を払っており、犯罪を直接実行した者を検挙しても組織の上層部には迫れない。組織の命令で殺人を実行した者は、「自分の個人的な判断で行動した」と供述して組織防衛をはかる。末端の犯罪実行者（例えば、スーツケースの中に薬物を隠して輸入する者、薬物を客に手渡す者、偽造クレジットカードを使ってキャッシングをする者、振り込め詐欺のケースで振り込まれた金をキャッシュカードで引き出す者や被害者から直接金を受け取る者など）には最小限の情報しか与えず、これらの者が検挙された際に組織の上層部に捜査が及ぶのを防ぐということもある（知らないのであれば、いかなる名捜査官でも供述させようがない）。

[2]　組織壊滅の困難性
　たとえ、組織の上層部の者を検挙し処罰することに成功したとしても、組織自体が存続していれば、別の構成員により犯罪が実行されることになる。しかし、組織自体を壊滅させることはいろいろな意味で難しい。日本の刑法は、基本的に、犯罪行為を行った個人を処罰するものとして作られたものであり、組織自体を処罰する規定はもとより、組織（団体）の設立やそれへの参加を処罰する「犯罪結社罪」のような規定も持たない。「それでは刑法か特別法にそういう規定を設ければよいではないか」という考えもありうる。ところが、そうした考えは、結社の自由などとの摩擦を回避できない。前述したように、破防法に、同法による規制や規制のための調査は「日本国憲法の保障する国民の自由と権利」を不当に制限するものであってはならないとの規定（3条1項）があり、団体規制法にも同様の規定（こちらも3条1項）があるのは、組織や団体の規制が重大な人権侵害につながる危険を有することを示している。そうなると、「疑わしい組織はどんどんつぶす」というわけにも行かない。

[3] 刑罰による予防の困難性

　刑罰による犯罪予防としては、一般予防（犯罪を犯すと刑罰が科されることを予告して犯罪を行う気をなくさせるというもの）と特別予防（犯罪を犯した者・犯す可能性の高い者を、矯正施設に収容し、改善・教育して犯罪を犯すことのない者にすること）とを考えることができるといわれている。しかし、組織犯罪を行う者に対しては、いずれの予防の効果も乏しい。犯罪組織の構成員——特に、中枢部ないしその近くに位置する者には、その組織の規範（掟、ルール、教義など）を信奉する傾向がある。そのような者は刑罰を恐れない（9・11 アメリカ同時多発テロのケースを見ればわかるように、自己の命を失うことさえ恐れないことがある）。自分の行ったことが「悪いこと」であると思っていないことも多く、勤労意欲・能力が特に乏しいわけでもないので、改善・教育もされず、釈放されれば、組織に戻って再び犯罪を行うようになる。よく、暴力団員にとっては組の掟が法律に優先するといわれる（コラム「ヤクザには法律関係ない？」参照）。一定の思想や宗教の上に作られた組織になると、組織ないし団体の規範に対する忠誠心はさらに強固である。

　かつて、ドイツの刑法学者ラートブルフ（Radbruch, G.）は、倫理的・宗教的・政治的確信を理由に犯罪行為に出るように義務づけられている者を確信犯人（Überzeugungsverbrecher）と呼び、刑罰権を有する国の倫理的優越性や処罰される者の改善可能性、応報のふさわしさは、確信犯人については認められず、確信犯人は、その時の倫理的・宗教的・政治的な権力（Macht）の敵対者であって、権力は、確信犯人と自己の主張のために闘うことはできても、独善的に法的改善や法的応報に従わせることはできないとした[11]。組織犯罪を行う者には、この確信犯人に相当する者が多いといえる。

コラム　ヤクザには法律関係ない？

　昔、私が駆け出しの弁護士だったときのことです。
　ある会社の倒産（債務整理）事件の担当になりました。
　ある日、取立てを頼まれたというヤクザが、私に会いたいと言って1人で、私の勤めている法律事務所にやってきました。
　親弁（事務所の経営者である弁護士。「ボス弁」とも言います。私の雇主ですね）が

留守だったので、私は、はじめてヤクザ（以下、彼のことを「ヤクザ氏」と呼ぶことにしましょう）と１人で向かい合いました。かなり緊張して、利息制限法などの説明をし、ヤクザ氏のいうような支払には応じられないということを言ったと思います。

ふんふんという感じで聞いていたヤクザ氏は、私が話し終わると、おもむろに、こう言いました。

「先生は弁護士ですから法律に従ってやるのは当然です。でも、自分たちは法律関係ないですから、自分たちは自分たちのやり方でやらせてもらいます。」

そう言った後、ヤクザ氏は、あんころ餅の包みを出し、「本日は、ごあいさつということでうかがいました。つまらないものですが食べてください」と言って帰って行きました。

その後、私は、いろいろなタイプのヤクザないし暴力団員に会いました。でも、このときのヤクザ氏が一番さっそうとしていたように思います。後から聞いたところでは、ヤクザ氏は、名前を聞けば末端の組員あたりは震え上がるくらい、その世界では知られた人物だということでした。

ところで、あんころ餅はどうなったのでしょうか？

私が、帰ってきた親弁に、ヤクザ氏のことを報告し、あんころ餅の包みを出して、「こんなものを置いて行きました。捨てちゃいましょうか？」と言うと、親弁は、「食べよう食べよう。ヤクザが持ってきたかどうかなんて関係ない」と包みを開けて食べ始めました。

結局、あんころ餅は親弁と私の腹におさまってしまったのです（なお、その後、ヤクザ氏と私は二度と顔をあわせることはなく、事件は無事に終了しました。別の暴力団員にはさんざんどなられましたが）。

4 組織犯罪対策の特徴

A 刑法の保障原則をないがしろにする危険性

　近代刑法においては、罪刑法定主義や謙抑主義といった保障原則が認められている。市民（国民）に重大な人権侵害ないし不利益をもたらす刑罰は、どのような（犯罪）行為に対してどのような刑罰が科されるかを予め明示した上で、そのような行為が現実になされた段階で、法の適正な手続きに従って科されなければならない。

　しかし、組織犯罪対策においては、このような保障原則がないがしろにされかねない。「国にとって、犯罪組織やその構成員は『市民』ではなく『敵』であり闘うべき相手である」ということになると、そこでは、「相手が攻撃してくる前に、予測できない攻撃を加えて撃破するべし」という「戦闘の原則」——保障原則とは真逆のもの——が支配することになる。ドイツの刑法学者ヤコブス（Jakobs, G.）は、刑法においては、市民を相手にする市民刑法（Bürgerstrafrecht）と敵を相手にする敵味方刑法（Feindstrafrecht——「敵刑法」とも訳される）とを対極化することができ、前者の刑法は、市民が行為を外化するまで（つまり、犯罪行為を行うまで）待って介入することになるのに対し、後者の刑法は、敵をその前段階で待ち受け、その危険を除去するべく闘うのに用いられるとする[12]。そして、ヤコブスは、「明確に輪郭づけられた敵味方刑法」は「刑法全体と敵味方刑法的な規定の斑晶とを混ぜ合わせること」よりも法治国家的には危険が少ないとする[13]。テロ犯罪などに対抗するためには敵味方刑法を導入せざるをえず、その範囲を明確にする方が市民刑法の領域における保障原則の維持には役立つということである。

B 市民の生活に影響を及ぼす可能性

　前述したように、組織犯罪に対する規制は、危険除去の観点から、犯罪行為が行われる前段階での介入を許容する。そのため、規制が市民生活に影響を及ぼすことになりがちである。

　その例として、ハイジャック防止のためのセキュリティーチェックの強

化や防犯カメラによる監視をあげることができる。通信傍受等によってプライバシーの侵害がなされる危険もある。

また、2007（平成19）年に成立した「犯罪による収益の移転防止に関する法律」は、犯罪による収益の移転防止等の観点から、銀行等に顧客の本人特定事項の確認義務を課し（4条1項）、顧客が本人確認事項等を偽ること（4条6項）や他人になりすまして取引をする目的で通帳、キャッシュカード等を授受することを処罰している（26条・27条）。ネットで口座を売買する行為はこれによって処罰される（なお、最決平成19・7・17刑集61-5-521は、他人に譲渡する意図を秘して自分の名義で口座を開設し、通帳等の交付を受けると詐欺罪〔刑246条1項〕になるとしている）。これは犯罪収益の隠匿や振り込め詐欺の手段として口座が利用されるのを防ぐためである。このような組織犯罪規制は、日常の経済活動にも影響を及ぼしている。

5　おわりに——「組織犯罪に備える」とは

A　組織犯罪の"被害者"にならないように備える

組織犯罪の被害者にならないように備えるためには、組織犯罪に関する情報を収集することが必要である。テロの危険がある所には行くべきではないし、振り込め詐欺や悪質商法などに対する警戒も必要である。

B　組織犯罪の"加害者"にならないように備える

組織犯罪においては、しばしば社会経験の乏しい青少年が犯罪実行役（例えば、薬物の売買・輸入、振り込め詐欺の詐取金の口座からの引出し、偽造カードによるキャッシングや商品購入などをする役）として利用されることがある。「現金を引き出してきたら高額の日当をあげる」といった"うまい話"には気をつけなければならない。サークルなどの団体の参加勧誘にも注意が必要である。就職した会社で、企業ぐるみで贈賄、談合などの違法行為をしていることもありうる。"危険な会社"は早めに辞めた方がよい。止まっていると責任を押し付けられる（いわゆる"トカゲの尻尾切り"の尻尾にされる）とい

うこともある。

C　組織犯罪規制により人権が侵害されないように備える

　刑法は「犯罪者と闘うための法」ではない。刑法の目的が刑罰権の不合理な行使による人権侵害の防止にあることを忘れてはならない[14]。その意味で、保障原則を後退させ「戦闘の原則」（危険除去の法理）を容認する考えには疑問がある[15]。刑法規範と相反する規範に従って行動するという点では組織犯罪を行う者や確信犯人と通常の犯罪者との間に本質的な差異はないともいえる。ラートブルフの確信犯人論は、国の法規範が必ずしも他の倫理規範等に優越するものではないということを示したところに意義があったと考えるべきであろう。人間の行動を規制するのは法規範だけではない。実質的正義に適合するように、衝突する規範間の調整をはかる努力が必要である（第1章6節参照）。

注)
1) 三浦守ほか『組織的犯罪対策関連三法の解説』（法曹会、2001) 67-70（引用は70より）参照。
2) 企業災害防止と刑法については、設楽裕文「企業災害の防止と刑法」北野弘久先生追悼論集刊行委員会編『納税者権利論の課題』（勁草書房、2012) 335以下参照。
3) 欧米における organized crime の概念は、犯罪組織を前提にしたものであり、反社会的集団による（狭い意味での）組織犯罪に相応するものといえる。
4) 香川達夫「暴力と刑法」平野龍一編『岩波講座現代法 (11) 現代法と刑罰』（岩波書店、1965) 95参照。
5) 飯芝政次「日本社会の構造変化と暴力団」ジュリ985号58以下（1991）参照。
6) 日本弁護士連合会民事介入暴力対策委員会＝警察庁民事介入暴力問題研究会編『民事介入暴力救済ハンドブック』（有斐閣、1989) 5以下参照。
7) 『平成24年版 犯罪白書』151参照。
8) 塩川実喜夫「極左暴力集団」河上和雄ほか編『講座日本の警察 (4) 防犯保安警察・警備警察』（立花書房、1993) 499以下参照。
9) 設楽裕文「組織犯罪と破壊活動防止法――予備、陰謀、教唆、せん動について」法学紀要37巻179以下（1996）参照。
10) 治安制度研究会編著『オウム真理教の実態と「無差別大量殺人行為を行った団体の規制に関する法律」の解説』（立花書房、2000) 3-45参照。
11) 1924年にドイツの総合刑法雑誌44巻34以下に掲載された論文「確信犯人」の36-37におおむねこのように述べられている（*Gustav Radbruch*, Der Überzeugungsverbrecher, ZStW.,

44. Bd., 1924, S. 36f.)。
12) ギュンター・ヤコブス（松宮孝明〔序〕、平山幹子〔訳〕）「市民刑法と敵味方刑法」立命館法学 291 号 459 以下（2003）参照。
13) ヤコブス・前掲注 12) 474 参照。
14) 設楽裕文編『法学刑法 1 総論』（信山社、2010）1-7〔設楽裕文〕参照。
15) 敵味方刑法は「敵」との「果てしなき闘争」を招くものであり、共存のための「地球市民」刑法の確立こそが必要であるとの指摘もある（松宮孝明「実体刑法とその『国際化』」上田寛編『講座・人間の安全保障と国際組織犯罪（2）国際組織犯罪の現段階：世界と日本』〔日本評論社、2007〕98 参照）。

知識を確認しよう

問題
(1) コラムのヤクザ氏の「自分たちは法律関係ないですから」という"見解"に反論しなさい。
(2) 「暴力団員やテロリストには人権はないから、何かする前に逮捕して刑務所に入れてよい」という見解を検討しなさい。

解答への手がかり
(1) ヤクザ氏も法律に従った生活をしている（あんころ餅もお金を払って買ったはずである）。そこにヤクザ氏の"見解"の矛盾がある。
(2) 犯罪者を"共通するルールのない敵"と考えるとどのようなことになるか考える必要がある。

第Ⅱ部

国に対して求めること

- 第5章　国家が刑罰を科せるわけ
- 第6章　死刑を行うのは犯罪的なことではないか
- 第7章　どうしたら真相解明ができるか
- 第8章　検察審査会と裁判員制度

第5章 国家が刑罰を科せるわけ

本章のポイント

1. 刑事司法は、社会的正義を実現するものでなければならない。正義とは、民主主義体制の国家社会において、市民生活の幸福、自由、安全などの利益の追求を保障するルール、秩序、システムを確保、維持することである。
2. 刑罰は、あまたの犯罪抑止手段のうち、なお最も有効であると考えられている。刑罰は今日すべて公刑罰であり、私的制裁は禁止され、一般に犯罪になることが多い。
3. 国民の正常な応報感情を無視するような科刑は、刑事司法の信頼を失わせ、ひいては私的報復の風潮すら生じかねないおそれがある。

1 犯罪と刑罰

A 総説

　犯罪のない社会は、いつの時代も人類共通の願望であるが、未だ実現したことはない。殺人は人類社会ができたその日から行われ、窃盗は個人が自分の財産を持つようになったその時から起きている。犯罪は、社会の必然現象であると言っても過言ではない。犯罪のない社会は、近い将来においても残念ながら夢でしかない。

　あらゆる民族がいつも犯罪との戦いに全力を尽くしてきた。宗教、道徳、慣習などは、犯罪の防止に欠くことのできないものであったが、その際最も強力な武器と考えられたのが刑罰であった。

　人の生命・身体・自由・財産・名誉などが不法に侵害され、社会秩序の破壊・混乱が生じると、犯罪行為を抑止し、損害の補塡が図られ、平穏が取り戻されなければならない。今日、文明国においては、犯人が速やかに検挙され、法令に基づき刑事裁判で犯罪に見合った刑罰を科せられることは自明の理とされる。しかし、それは当然のことながら一時に成り立ったわけではなく、長い歴史を経て到達した結果である。

B 刑罰の進化

[1] 復讐

　犯罪は他人の生活上の利益を侵害する行為であり、被害者は本能的にこれを避けようとするが、加害者に対して反撃を加えることもまた珍しくない。犯罪者に対して無自覚的に反撃を加えるのは、復讐である。単なる防衛にとどまらず、ともすれば自らが蒙った損害以上の打撃を相手に加える攻撃的なものになり勝ちでもある。血族の集団である氏族が多数集まって1つの部族社会を作っていた原始的な時代には、氏族の1人が他の氏族の1人に殺されると、被害者側の氏族が加害者側の氏族全員に対して復讐をした。それは交互に復讐を招き、世代を超えて際限なく繰り返され、どちらかの氏族が全滅するか、共倒れになることも珍しくなかった。

　しかし、やがて人々は復讐が犠牲の大きいわりに効果が小さいことに気

づいた。国家ができてやがて復讐を制限するようになり、これに変わるさまざまの制度が作られた。

その1は、タリオ（同害報復）の制裁である。旧約聖書出エジプト記21章24節の「目には目を、歯には歯を」という神のことばで知られるように、復讐の内容と方法を制限して、犯罪による被害と釣り合いのとれた害を加害者に加える方式である。バビロン第1王朝6代の王ハムラビ（在位1792～1750BC）が発布したハムラビ法典は、完全な形で残る最古の法典で、慣習法を成文化した282条から成る。1901年、イランの古都スーサで閃緑岩の石碑に刻まれたものが発見・解読された。その刑法の規定についてみると、極刑が多いこと、タリオの原則が貫かれていること、および貴族・平民・奴隷の3階級が厳格に区別され、身分により刑量が異なることが特徴である。たとえば、大工の手落ちで家がつぶれその家の息子が死んだときは、大工自身ではなくその息子が殺され、他人の目をつぶした場合には、被害者が貴族であれば自分の目をつぶされ、平民であれば銀1マナを、奴隷であればその半額をそれぞれ払うこととされていた。

その2は、避難所の制度であり、一定の場所・期間においては復讐を禁止することにより和解をするきっかけが作られた。

その3は、復讐をやめる代わりに加害者から賠償を取る仕組みである。生産力の低かった古代の社会では、財産を取り上げられることは大変な苦痛であり、多額の賠償を取られて氏族が滅びることも少なくなかったと言われる。

[2] 金銭による賠償

やがて貨幣の流通が盛んになるに従い、一定の犯罪については、加害者は被害者に対し金銭を支払って罪の償いをすることが認められ、復讐は禁止されるようになった。それも初めは被害者が金銭の賠償を受けるか、復讐を選ぶかは自由であったが、のちには賠償金を受け取ることを強制されるようになり、最終的には法律で賠償額まで定められた。たとえば、イギリスの古法では、生命の価格が階級別に定められ、学者の鼻、鍛冶屋の右手、米搗き人夫の足、それぞれに値段がつけられていた。また、足の骨折は12シリング、前歯の折損は6シリング、肋骨骨折は3シリング、頬ひげ

を傷つけた場合は23シリングなどと決められていたこともあった。そしてついには、国が賠償金の一部または全部を取るようになった。これが罰金の起源である。

[3] 公刑罰

ところが、人々の道義観念の発達に伴い、賠償金で一切の罪を償うという考え方には不満が生じてきた。同時に、国の法制度・組織の整備が進むと、犯行は単に被害者個人の利益または価値の侵害にとどまらず、国家あるいは国王に対する犯罪であると考えられるようになった。そして、個人が被害者として賠償を受け取る代わりに、国が被害者の立場に立って加害者に刑罰を科するようになった。このように国家によって科せられる刑罰を公刑罰という。もとより、一度に賠償が刑罰に変わったわけではない。賠償をもって許される罪と許されない罪の区別ができ、次いで賠償で処理することが禁止されるようになり、順を追って刑罰が賠償に変わっていったと考えられる。初期の刑罰は極めて残酷であった。被害者に満足を与えることにより復讐を断念させて国家の秩序を維持するためには十分に重い刑罰を科することが必要だったからである。

[4] わが国における私的制裁の禁止

(1) わが国では、江戸時代、いわゆる敵討ちは父、兄といった目上の人の仇を討つことで、敵討ちの旅に出る者は藩庁に届け出る、それは子孫の義務であった。

しかし、敵討ちは容易ではなかったであろう。情報通信網が未発達で、交通手段も甚だ不便であった時代、小国が分立した幕藩体制の下で、各地に逐電して名前を変え、あるいは変装して逼塞(ひっそく)する敵を探し出すこと自体、物理的にも、経済的にも極めて困難であって、その成功率は1パーセントにも達しなかったと推定されている。犯人と犯行に関する証拠も乏しく、犯人の特定を誤るようなこともあったであろうし、敵討ちのために諸国を探索行脚(あんぎゃ)して、多くは徒労のうちに不本意な生涯を終えたのではなかろうか。復讐により被害者が十分に満足し、失われた社会の秩序が回復し、犯罪の防止にも役立つということはほとんどなかったように思われる（コラ

ム「その後の忠臣蔵」参照)。

> **コラム** その後の忠臣蔵
>
> 　元禄15 (1702) 年12月14日、本所の吉良邸に赤穂浪士47人が討ち入り、上野介義央を討ち取ったいわゆる忠臣蔵事件は、敵討ちとは異質の多衆による騒乱事件です。現代の倫理感からすると、義央は一方的に刃傷を受けた被害者であるのに、赤穂浪士は主君浅野内匠頭長矩が義央殺害の目的を遂げなかったからといって徒党を組んで夜間他家屋敷に侵入し、殺傷事件を犯して世間を騒がせたのは理不尽です。義挙などではなく、実行犯全員が死罪になったのは当然でしょう。しかし、吉良家の不幸はこれに止まりませんでした。幕府は、翌元禄16 (1703) 年2月4日、義央の孫で養子であった左兵衛義周の領地を没収の上、信州高島3万石諏訪忠虎へのお預けを言い渡しました。左兵衛義周は、討入りに対し長刀を持って応戦しましたが、額と脇から背中にかけて深手を負い、義央の寝間に倒れました。しかし、彼に対する処分の理由は、「当夜の振る舞いよろしからず」ということであり、敵討ち以前の段階ではあったが、同様の思想に基づくものと考えられます。最後まで反撃・追撃しなかったことが、子としての義務を尽くさなかったということでしょうか。義周は、同月11日、錠付き網掛けの駕篭で信州高島城に送られ、幽閉されること3年足らず、病を得て宝永3 (1706) 年1月21歳で死亡し、吉良家は断絶しました。

(2)　明治時代の初頭、わが国法は復讐を認めていた。すなわち、仮刑律 (明治元 [1868] 年10月晦日から明治3 [1870] 年12月19日まで施行) は、旧幕府時代のように敵討ちを公認し、祖父母・父母を殺された子孫が犯人を殺しても罰しない旨規定した。新律綱領 (明治3 [1870] 年12月20日から明治6 [1873] 年7月9日まで施行) もまた、前記の子孫が即時に犯人を殺した場合またはあらかじめ敵討ちの届出をしていた場合には処罰せず、官に届け出ないで殺した場合は笞50の刑を科することを定めていた。その後、司法制度の整備の進捗に伴い、明治政府は、明治6 (1873) 年2月7日太政官布告をもっ

て復讐を禁止するとともに、同日付けで新律綱領を一部改正し、犯人については臨時奏請してその処分を決することにしたが、その刑については定めなかった。次いで、改定律例（明治6〔1873〕年7月10日から明治14〔1881〕年12月31日まで施行）は、祖父母・父母を殺された子孫が勝手に犯人を殺すことは殺人の罪に当たるとしたが、なお即時に犯人を殺した場合は処罰しないと規定している。

2 国家の刑罰権

A 国の果たすべき役割

民主主義体制の国家においては、国政の権威は主権者である国民に由来し、その信託に基づいて代表者が行使し、国民はその福利を享受する。国は、最大限国民の安全と自由を確保し、幸福を追求する活動を支援する責務を負い、災害の発生の防止・復旧、悪疫の蔓延の予防・疾病の治療、個人の思想上および経済活動の自由の保障など、国民の人間らしい生活の保持充実に努めている。また、その一環として、犯罪の防圧、被害および社会秩序の回復等を図る義務があり、刑罰権の行使などをする。

B 刑事司法における正義とは何か
[1] 刑事司法における正義

刑事司法は、社会的正義を実現するものでなければならない。正義とは、民主主義体制の国家社会において、市民生活の幸福、自由、安全などの利益の追求を保障するルール、秩序、システムを確保、維持することである。民主国家では、法律はいわば国と国民の契約である。国民の権利の制限は法律に基づくものでなければならず、その運用は適切公平でなければならない。法令が民意に基づかず、三権分立・司法権の独立、罪刑法定主義が認められない独裁主義体制の国家においては、刑事司法制度の運用は恣意的であり、法の執行は正義に基づくとは言えない。法律制度が整備されていなければ正義は実現されないのである。

正義の観念については経済学者竹内靖雄教授の特異な見解がある[1]。同氏によると、正義とは不正のない状態であり、不正とは他人から危害や不利益を受けることであるという。「正義の回復とは、あくまでも個人の間で、……報復が行われるか、被害に対する賠償金が支払われるかして、もとの正常な状態が回復されたとみなされることである。」「『刑罰あって賠償なし』のように、被害者の正義回復がなされないままに放置されるのは根本的に間違っており、『賠償あれば刑罰なし』こそ正義の回復のための合理的な原則なのである。」「被害者が正義回復を放棄して、国家の手を借りて加害者に最大限の苦痛を加えることで満足するということなら、そちらを選択する自由はある。」「金持ちは罰せられないことになる。」「これがいかに不公平だといってみても、『万事カネ次第』が市場社会の大原則であることは否定できない」と述べ、正義とは交換の正義[2]であると言う。同氏の発想は、後述の法益の多重性を認めず、責任主義[3]を全面的に否定する究極の功利主義に拠ると思われるが、明らかに誤りである。

犯罪者に対する科刑は、正義の観念に基づくものでなければならない。被害者らの私的制裁が禁止されるのは、要するに、それが一方的で、とかく感情に左右されて公正公平さを欠き勝ちであるばかりでなく、証拠の収集・評価の点でも著しく不的確、不十分で、被害者の応報感情の緩和は別として、犯罪の抑止、社会秩序の回復、犯罪者の更生などにほとんど役立たず、経済的効率も極めて低くて、正義の観念に合致しないからである。国が国民から私的報復手段を取り上げた理由はこれに尽きる。

[2] 刑事司法法制の整備、人的資源・物的施設の確保

刑事司法の関連する分野は広範である。すなわち、第1に、何が犯罪であるか、どのような手続で刑罰を実現するかを定める法律制度が整備されなければならない。法律によって保護すべき利益（法益）を定め、これを侵害する一定の重大な行為を犯罪とし、これに刑罰という強力な制裁を科することを予告することにより、国民の行動を監視・規制して、国の秩序の維持、国民の生命・身体・財産・自由・名誉などの権利・利益を保全するのである。

なお、比較的軽微な財産犯対策としては、所得を増やし貧困の解消を図

る経済政策が有効であることも知られている。昭和39（1964）年オリンピック景気に湧いた東京では、無銭飲食などの財産犯が一時激減した。

第２に、犯罪者を迅速かつ的確に検挙できる全国的警察組織を創設整備し、外国の警察機関などとも連絡協調しなければならない。

そして、なによりも冤罪の発生を防止するため、裁判制度を確立することが肝要であり、これらの職務に従事する警察官、裁判官、検察官、弁護士、その他関係補助職員など多数の人材を配置しなければならない。また、犯罪の被害者は、当然に蒙った損害の賠償を受ける権利を有し提訴することができるから、それを受ける民事裁判制度が完備していることも要請される（コラム「条約改正」参照）。

第３に、有罪判決を受けた者が、自由刑の実刑になれば、国家は彼を矯正施設に収容して矯正教育を施し、職業訓練により技能を学ばせ、労働の習慣を身につけさせ、社会の健全な構成員として復帰できるように努めなければならない。更に、刑事施設出所後の更生になお不安が残るとすれば、保護観察、就業援助、住居提供サービスなど、刑余者の社会復帰を推進する支援も不可欠になる。そのための施設を建設、運営し、矯正・更生保護の職務に従事する膨大なスタッフの確保も必要不可欠である。

第４に、国家が治安維持の責任を負う以上、悪質な犯罪により極めて深刻な被害を蒙りながら損害賠償を得られない、被害者や遺族に対して、国が、加害者に代わり損害の補填をすることも必要である。ただ「弁償はあきらめなさい。しかし、応報は許されない」というのでは、被害者は救われず、被害感情も収まらない。わが国は、昭和55（1980）年、国内において（国土の延長とみなされる日本の船舶・航空機内を含む）、殺人などの故意の犯罪行為により不慮の死を遂げた犯罪被害者の遺族または重傷病を負いもしくは障害が残った者に対して、国が一定の条件の下に犯罪被害者等給付金を支給する制度を創設し、その精神的・経済的打撃の緩和を図り、再び平穏な生活を営むことができるよう支援している[4]。

個人や民間団体などが、これら一連の体制を整え、役割の全部を担うことは、財政上からも人的組織・物的施設の上からも不可能である。国家だけがその役割をほぼ果たすことができるのである。更生保護の分野を除き、民間の関与は低調であるというのが現状である。国だけが刑罰権を行使で

きる理由は、実にここにある。

> **コラム**　条約改正
>
> 徳川幕府が幕末安政5 (1858) 年以降、アメリカ、イギリス、フランス、オランダ、ロシアと締結した安政5か国条約はすべて領事裁判権を規定した不平等なものでした。当時、わが国は半未開国とみなされ、対等に交渉できなかったのです。領事裁判ではしばしば本国人に極めて有利な判決が下されました。領事裁判権撤廃は、明治政府の外交上の悲願となり、いくつかの不当な裁判を契機にやがて国民にも国家的課題と理解されるようになり、政治問題化しました。不平等条約の改正交渉は、明治4 (1871) 年末、岩倉使節団によって始められ、明治27 (1894) 年、イギリスと締結した通商航海条約で領事裁判権の撤廃を達成、翌年にかけて他の各国とも同様の改正条約が締結されました。関税自主権を回復し、完全に平等な条約の締結に至ったのは明治45 (1912) 年のことでした。法制を整え、近代国家体制を実現したことが成功の理由です。

[3] 法益

　法益は、刑法によって保護されるに値しかつ必要のある社会生活上の利益または価値である。これは、犯罪構成要件の内容をなす行為の客体、すなわち、他人の身体、財物といったもの自体ではなく、1人の身体、1個の財物の上に成立する利益関係であるから、同一物の上に幾重にも成り立ち得る。たとえば、1人の生命の上には当人の利益関係、妻子などの利益関係、国家の利益関係などが成立するから、自殺者は自分の法益を放棄することはできるが、妻子、国家などの法益を放棄することはできない。多数の反対説もあるが、自殺は違法である。自殺者が処罰されないのは違法性を阻却するためではなく、自殺者という身分が責任を阻却するためである[5]。したがって、自分を殺すことを他人に嘱託するときは、自身の利益関係については法益の侵害がなくても、妻子または国家が自己の生命の上に持っている利益関係を侵害することになり、嘱託殺人罪（刑202条後段）

になる。法益が階層をなすものであることは、告訴権者に関する刑事訴訟法の規定（刑訴230～234条）の形式からもうかがわれよう。

　被害者の同意が違法性を阻却（構成要件の阻却もあり得る）するのは、主として個人的法益を直接侵害する場合に限られる。

[4] 刑罰権の行使と被害者の応報感情

　刑事司法は、国民から私的報復手段を取り上げ、これを国家の手に独占したことにより始まった。私人が犯人に対して勝手に私的制裁を加えることは、リンチとして多くの場合犯罪になる。

　刑事司法の分野では、国に対するのは犯人と疑われている市民である。被疑者は国家機関である警察の捜査対象であり、被害者ではなく国家を代表する検察官により裁判所に起訴される。一方、被害者は、被害届の提出、告訴権の行使によって捜査の端緒をもたらし、捜査段階では参考人として、また公判においては証人として犯行の状況等を申述することはあるが、それ以外には刑事手続に関与することはほとんどない[6]。

　国家は、個々の犯罪被害者に代わってその救済のためだけに刑罰を科しているのではない。しかし、復讐の気持ちというものはいつの時代でも人の心の片隅に残っていることを忘れてはならない。国民の正常な応報感情を無視するような刑事司法は信頼を失い、ひいては私的報復の風潮すら生じかねない危険がある。その意味でも、犯罪と刑罰に関する正常な社会感覚を把握することは、刑事司法の運用上まことに大切なことである。

　昭和49（1974）年9月、東京都内で交通事故により最愛の高校生の息子を失った父親が、示談交渉に名を借りて加害者を自宅に呼び寄せ、背後から包丁で頸部、背部を数回突き刺して殺害するという、計画的かつ残虐な事件が起きた。加害者側にも法廷における態度などに相当責められるべき点があったようであるが、どのような理由があろうとも、被害者の遺族が加害者を殺害することは許されない。東京地裁は、昭和50（1975）年8月8日、この事件の犯人に対し、犯行当時慢性心理的鬱病のため心神耗弱の状態にあったこと、および殺人被害者の遺族に500万円を支払い示談が成立していることなどの情状を認めた上、殺人罪で懲役3年の実刑判決を言い渡した。裁判に関与する者全員に、被害者遺族らの心情を思いやる配慮が求め

られよう。

　国としても、被害者やその遺族の被害感情を無視してしまうことはできない。十分に尊重するべきである。犯行現場におけるこれらの人々による衝動的な実力行使の法的評価に当たっても、相応の配慮が必要である。旧刑法（明治15〔1882〕年1月1日から明治41〔1908〕年9月30日まで施行）311条が、妻に姦通された夫がその現場で自分の妻または姦夫を殺したり、傷つけたりした場合には処罰しないこととしていたのも、その現れといえよう。

　今日、暴力団の対立抗争や過激派集団の内ゲバ（党派間あるいは党派内部での暴力的抗争を指す左翼運動の隠語。「ゲバ」はドイツ語の「暴力〔ゲバルト〕」の略）で執拗に繰り返されている殺傷事件の主たる動機は、暴力団の不法な資金源・縄張りの拡張・確保やそれらの勢力の伸張を図ることなどにあると推測されるが、やはりその根底には国の裁判権の行使の遅延や処罰の不十分さに対する不満もあるのではなかろうかと危惧される。

[5] 正義の完全な回復は不可能

　犯罪者が検挙され、刑事裁判で犯行内容と均衡のとれた刑の言渡しがあって服罪すると、直ちに正義が回復されたと考えることは誤りである。

　厳密にいうと、正義の回復とはすべてが犯罪の発生以前の平穏な生活に戻ることでなければならないが、重なり合うすべての法益について侵害前の状態に戻すことはほとんどの場合不可能である。殺人の被告人が死刑になったところで被害者が蘇ることはあり得ないから、被害者本人が絶対に満足することがないことは当然である。遺族についても、財産的損害は比較的回復になじむと言っても、損害賠償が完全に履行されることは、すべての事件についてまず期待できない。生命・身体・自由・名誉などの被害は、当事者双方に満足のゆく損害額の算定も困難であるし、国家的または社会的法益の侵害に対する損害賠償については和解も困難である。また、破られた国家の法秩序は直ちに修復されなければならないが、犯罪が行われた地域社会では、市民が犯行に対して多かれ少なかれ恐怖、不安、憤慨、不快などさまざまの被害感情を抱くことは否定できず、犯人が惹起した混乱が沈静化し、社会が平穏を回復するまでにはかなり長期間の経過を必要としよう。

そして、刑事司法のシステムが万全に機能して、犯罪者が真に更生し、事件の処理に要した国家的・社会的費用が犯罪者によって補塡されて、ほぼ犯罪による不正の影響が消えて犯行前の状況に戻ることになれば、初めて刑事司法における正義はおおむね回復したと言い得よう。しかし、それはほとんど絵に描いた餅にしかすぎない。要するに、完全な原状回復は不可能であるということである。国家も被害者個人も、ある程度の満足が得られたところで、正義は達せられたものとして、あきらめ妥協せざるを得ないのである。

[6] 死刑制度は正義に反しない

　死刑制度については、その執行が報道されるたびに存廃が論議されるが、次章で論じられることになっているので、多くは述べない。
　憲法31条は、「刑罰として死刑の存置を想定し、これを是認したものと解すべきである。……死刑の威嚇力によって一般予防をなし、死刑の執行によって特殊な社会悪の根元を絶ち、これをもって社会を防衛せんとしたものであり、……、結局社会公共の福祉のために死刑制度の存続の必要性を承認したものと解せられる」(最大判昭和23・3・12刑集2-3-191)。憲法が、一方で残虐な刑罰を禁止し、他方で死刑を認めているのは、死刑そのものは残虐な刑罰でないことを前提としている。そのことは犯罪現場における被害者たちの無残な状況を見分し、実際に死刑の執行に立会して対比してみれば、一目瞭然である。死刑は決して正義の観念に悖るものではない。
　わが国では、団藤重光博士の死刑廃止論が有名である。博士は、最高裁判事として死刑事件につき上告棄却の判決言渡しに関与し、退廷する際、傍聴席から「人殺し」という罵声を浴びせられたことが主要な動機になり、誤判があれば、取返しがつかないことを理由に、死刑廃止論を主唱するようになったようである(団藤重光『死刑廃止論〔第6版〕』〔有斐閣、2000〕28)。
　最高裁は、死刑事件に限り特に慎重を期し慣例として口頭弁論を開くので、いつも死刑反対のグループが傍聴席最後列に陣取り、閉廷と同時に裁判官に対し、「人殺し」と捨てぜりふを吐くのであるが、それを知らないで法廷に臨みショックを受けるようでは、どうして被告人と向かい合う第1審の裁判官が勤まるだろうか。さらに、博士は、その連中を「被告人の家

族とおぼしき人たち」と言っているが、認識不足ではあるまいか。この種事件の被告人は肉親と絶縁状態にあることが多く、肉親の家族が傍聴することはほとんどないようである。被告人が外部との接見および信書の発受を確保するため、支援グループやその同調者と偽装的な養子縁組をして改姓していることも少なくなく、報道される死刑事件の被告人の氏名が、しばしば事件当時のそれと異なっているのはそのせいである。

　誤判は避けなければならないが、人間のする裁判であれば、絶対に誤りがないとは言えない。冤罪が許されないことは、死刑も他の刑罰も変わりがない。どんなに軽微な刑罰であっても、社会的制裁を受け、信用を失い、健康を害し、人生行路が変わることもある。足利事件や東京電力女性社員殺害事件の被告人たちのように、最高裁の審理を受けながら冤罪で長期の自由刑の言渡しを受けて拘禁された人たちの苦痛は想像を絶するものであったであろう。それだからと言って、刑事裁判制度自体を否定することはできない。また、犯罪がどんなに明白であった場合でも、死刑はいけないのかということにもなる。要はすべての事件について、誤った裁判が行われることのないよう、関係者が最大限の努力をすることであり、実際問題として、死刑事件については特に慎重に捜査、公判審理が行われていて、誤判の可能性は極めて少ないと言えよう。それでもなお、刑事補償法は誤った死刑の執行に対する補償を規定している（刑補４条３項）。

　わが国刑事法学会の泰斗として、永年に亘り多数の研究者および実務法曹を指導育成された団藤博士であっただけに、最高裁判事としては死刑判決を支持しながら、退官後にわかに死刑廃止を主張し、法に従い刑の執行を指揮した各法務大臣を論難した態度の豹変ぶりは残念である。むしろ確定判決を無視していつまでも死刑の執行を指揮しようとしない法務大臣こそ司法の判断を無視するものであり、三権分立に反すると批判すべきではないのか。

[7] 過剰な恩赦は正義に反する

　昭和５（1930）年11月14日、浜口雄幸首相は東京駅頭で右翼青年佐郷屋留雄に至近距離からけん銃で狙撃され、腹部に重傷を負った。首相は病体を押して議会に出席したりしたため病状が悪化し、昭和６（1931）年４月総

辞職、同年8月26日亡くなった。死因は銃創によるせん孔から放射状菌が腹腔内に漏れ出したことに起因する横隔膜下膿瘍などで、放射状菌の感染は極めて希なことだと言われる。東京地裁は、殺人の既遂を認め、死刑を言い渡したが、東京控訴院は、首相の死亡は犯人の行為とは因果関係がないとして殺人未遂を認定したものの、死刑の主文は維持し、大審院は、昭和8（1933）年11月6日、上告を棄却し、原審の科刑を維持した。

　佐郷屋は、判決確定後まもない昭和9（1934）年2月11日、皇太子殿下御降誕の減刑令で死刑を無期懲役に減刑され、続いて昭和13（1938）年2月11日、憲法発布50周年を理由とする小規模恩赦で減刑を受け、さらに昭和15（1940）年2月11日、紀元2600年祝典の減刑令でその刑期は15年に短縮された。こうして仮出獄の資格を得て、同年11月3日仮出所した。死刑の判決を受けながら、わずか7年間服役しただけで出獄し、その後昭和47（1972）年4月14日、63年の生涯を閉じた。このような確定判決の刑を有名無実にするような恩赦の乱発は果たして司法の正義に適うものであったであろうか。

3　国家の刑罰権の限界

A　総説

　刑法の効力（適用範囲）については、場所、時、人それぞれについて制約がある。ごく大ざっぱにいうと、わが国の刑罰権は、例外はあるものの原則的には自国内の犯罪にしか及ばない。すなわち、刑法は、場所については、①自国内で行われた犯罪には犯人の国籍のいかんを問わず自国の刑法を適用する属地主義を原則としながら、②自国民である限り犯罪地のいかんを問わず自国の刑法を適用する属人主義、③自国または自国民の利益を侵害する犯罪については国籍および犯罪地のいかんを問わず自国の刑法を適用する保護主義および④世界各国共通の一定の法益を侵害する犯罪については、無差別に自国の刑法を適用する世界主義を併用している。

B 国際関係における政治権力の優先

　各国の政治権力が競合する国際社会では、近代刑法の原則はしばしば無視される。

　第2次世界大戦後、連合国は、極東国際軍事裁判所およびニュールンベルク国際軍事裁判所を設置し、一方的に敗戦国民を戦争犯罪者として処罰した。たとえば、極東軍事裁判のA級戦犯は、「平和に対する罪」「殺人および殺人共同謀議の罪」「通例の戦争犯罪および人道に対する罪」という極めて不明確な内容の罪名で断罪された。しかし、これらは戦後に明文化されたもので、刑罰法規の明確化および刑罰不遡及の原則に反するばかりでなく、元来、このような裁判所を設置し、個人または独立国家の刑事的もしくは反道徳的行為を審理・判決することを認める法体系はないから、弁護人はこれらを指摘し、極力反論したが、顧慮されなかった。一方、広島、長崎への原子爆弾投下や東京大空襲などによる非戦闘員の無差別大量虐殺は、明白な国際法規違反であるが、わが国でも処罰できず、不問に付されている。わが国民に対する、朝鮮民主主義人民共和国工作員の拉致国外移送事件についても、事実上検挙できない状態が続いている。

注）

1) 竹内靖雄『法と正義の経済学』(新潮社、2002) 67-73、96-99。犯罪につき、障害者、未成年者を自立した大人と全く同様に取り扱うべきであるとして、責任能力の喪失・低下や未成年による刑事責任の免除・軽減を一切認めない。少年や精神障害者の犯罪に対する寛容な姿勢は誤りであり、犯罪抑止効果を高めるため、きびしく刑事責任を問うべきである、少年犯罪者についても実名や顔写真付きの報道、裁判の公開を原則とすべきであるという。
2) 竹内氏は、「公的年金制度も医療保険も失業保険も本来『不正な再分配』の制度である。中央から地方へ、高所得者から低所得者へ、強い産業から弱い産業へ、受益者にならない納税者から受益者になる納税者へと税金を回すのも不正な再分配の例である。政府がカネを集めて分配したり、誰かのために使ったりする仕事はすべて不正な分配である。」という（竹内前掲41)。

　しかし、国は国民の生存権を保障し、社会保障の増進に努める義務を負うのであり、相互共助の精神に基づき精神的・経済的に協力し合うことが不可欠である。それにより、国民の一体感も醸成され、国運の進展も図られるというものである。竹内氏の論法は社会的弱者の切捨てを主張する暴論であり、とうてい受け入れられない。

3) 単に犯罪の結果を発生させただけでは処罰することができず、行為者に刑罰を科するのに値

する非難可能性（責任）が認められる場合に限り、その責任の重さに応じた量の刑罰を科することができるという近代刑法の基本原則。
4) 「犯罪被害者等給付金の支給等による犯罪被害者等の支援に関する法律」のたびたびの改正により、支援対象の拡大や遺族給付金、重傷病給付金および障害給付金の引上げなど制度の拡充が行われている。
5) 自殺の実行に着手した者が処罰されることになると、未遂に終わったとき処罰を免れようとすれば、再度自殺を実行せざるを得ないことになる。
6) 近時、被害者の立場に配慮し、その保護および救済に資する刑事手続法の改正が図られている。告訴の決断に悩む被害者のための強姦罪等の告訴期間の制限の廃止、公判廷等において被害者等が特定できることになる事項の秘匿、証人尋問の際の不安緊張を緩和するための証人への付き添い・証人の遮蔽措置・ビデオリンク方式による尋問・被告人の退席、被害者等による被害に関する心情・意見の陳述手続、被害者等の公判の優先的傍聴などである。そのほか、被害者等に損害賠償請求のため訴訟記録の閲覧・謄写を認める措置、犯人との間に成立した刑事事件に関連する和解の内容を記載した公判調書に民事上の執行力を付与する制度の創設が図られている。

知識を確認しよう

問題

(1) 刑罰に将来の犯罪を抑止する効果があると考える理由はなにか。
財産刑を犯した犯罪者に罰金刑を科することは相当か。
(2) 被告人が既にいわゆる社会的制裁を受けているとして、判決で直ちに刑の酌量をすることは、これを刑罰の一端を担うもの、あるいは代替するものと認めることにならないか。

解答への手がかり

(1) 犯罪の一般予防、特別予防とは何か。窃盗、背任、遺失物横領、盗品有償譲受け、器物損壊など各罪の法定刑は適正妥当か。
(2) 社会的制裁とは、罪を犯したことにより失職・離職し、懲戒処分を受け、降任され、離婚・離縁する羽目になり、あるいは世間の非難・批判を浴びることなどか。それにより再犯のおそれは低下するのだろうか。

第6章 死刑を行うのは犯罪的なことではないか

本章のポイント

1. 死刑という刑罰が、憲法および刑法、刑事訴訟法、刑事収容法といった法律上でどのように規定されているのかをしっかりと学ぶことが大切である。
2. つぎに、死刑が実際にどのように執行されているのかを理解することが必要である。
3. また、死刑制度について、最高裁判所が、その合憲性および適用基準をどのように判断しているのかを学ぶことも重要である。
4. さらに、グローバル化社会において、世界の国々および国連の死刑に対する態度も知っておきたい。
5. 最後に、以上の知識を前提にして、日本において、これからも死刑という刑罰を存続させるべきか、もはや廃止すべきかを考えることにする。

1　死刑制度を論じることの問題点

　街行く人々に、今日最も論争的な刑法上のテーマにつき「あなたは行為無価値論を支持しますか、それとも結果無価値論ですか」という質問をしても、ほとんどの人は質問の意味さえ理解できないであろう。それに対し、「あなたは、死刑制度に賛成ですか、反対ですか」との質問をすると、多くの人からは何らかの答えが返ってくるであろう。積極的か消極的かはともかく、死刑制度を肯定する声のほうが多いのではないだろうか。しかし、ここには、大きな問題が含まれている。死刑制度を肯定するにしても否定するにしても、多くの人々は死刑制度について、犯罪者の命を奪うということ以外ほとんど知らないということである。

　政府は死刑制度存置の根拠の1つとして、アンケート結果による国民の意思をあげているが、しかし、十分ではないまでも基本的な知識・情報を与えられた上での判断でなければ、人の生命を奪うきわめて重大な刑罰制度の存否につき、重要な意味をもつ根拠とはならないであろう。今日では、簡単な手術でさえ、事前に、手術の内容、効果、リスク等につき十分な説明を受けたうえで患者本人や親族が同意するか否かを決定している（インフォームド・コンセント）。政府は死刑制度の存否につき、十分な説明をしているとは言えないであろう[1]。

2　死刑という刑罰

A　現在の死刑制度

　死刑とは、受刑者の生命の剥奪を内容とする刑罰であり、「生命刑」とも言われる。歴史的に見れば、かつては、刑罰の中心として重大犯罪に対し多用され（国や時代によっては窃盗罪などの比較的軽微な犯罪にも）、その執行方法はきわめて残虐なものが多かった。しかし、今日では、死刑を廃止している国のほうが多くなっている。そんな中で、先進国ではアメリカとともに

死刑制度を存置している日本の死刑制度を概観する。

[1] 死刑の対象犯罪

現在、法定刑に死刑の規定をもつ犯罪は、合計 19 である。刑法典には、内乱首謀（刑 77 条 1 項 1 号）、外患誘致（81 条）、外患援助（82 条）、現住建造物等放火（108 条）、殺人（199 条）、強盗殺人・致死（240 条後段）、強盗強姦致死（241 条後段）等の 12 の罪に死刑の規定がある。

特別刑法には、爆発物使用（爆発物取締罰則 1 条）、航空機墜落等致死（航空の危険を生じさせる行為等の処罰に関する法律 2 条 3 項）、航空機強取等致死（航空機の強取等の処罰に関する法律 2 条）、人質殺害（人質による強要行為等の処罰に関する法律 4 条）、組織的殺人（組織的な犯罪の処罰および犯罪収益の規制等に関する法律 3 条 1 項 7 号・2 項）等の 7 つの罪に死刑の規定がある。死刑のみを法定刑とするのは外患誘致のみであり、その他の罪は、死刑のほかに選択刑として無期刑や有期刑の規定もある。

人の生命を奪うことを内容としない犯罪もここに含まれているが、今日、被告人に死刑が言い渡されるのは、人の生命を奪った場合に限られるといってよく、具体的には、殺人罪、強盗殺人・致死罪にほぼ限定される。なお、行為時 18 歳未満であった少年については死刑が科されることはなく無期刑が科される（少 51 条）。

[2] 死刑執行に関する手続き

死刑の執行に関しては、かなり細かく法令で規定されている。

死刑の言渡しを受けた者は、その執行に至るまで刑事施設（この場合、拘置所）に拘置される（刑 11 条 2 項）。また、「死刑確定者の処遇に当たっては、その者が心情の安定を得られるようにすることに留意するもの」（刑事収容 32 条 1 項）とし、死刑確定者の処遇は原則的に、昼夜、単独室の居室において行うこととされ、死刑囚同士の相互の接触も原則的に禁じられている（同 36 条 1 項・2 項・3 項）。死刑確定者については、面接や信書の授受についても、大きな制約が課せられている（同 120 条・139 条）。

死刑の執行は、法務大臣の命令によってなされ、この命令は原則として、判決確定の日から 6 か月以内にしなければならないが、ただし、上訴権回

復・再審の請求、非常上告・恩赦の出願・申出がなされその手続きが終了するまでの期間および共同被告人に対する判決が確定するまでの期間は、その期間に算入されない（刑訴475条）。この6か月という期間は、訓示規定と解され、法務大臣に6か月以内に命令を発する法的義務はないものとされている。実際に、判決確定後6か月以内に執行された例はなく、執行まで早くて1年余、平均して7年程度の期間がおかれるのが通例であり、なかには、30年を超えて拘禁されている者もある[2]。なお、死刑の言渡しを受けた者が、心神喪失の状態にあるとき、または女性が懐胎しているときは、法務大臣の命令により執行が停止される（刑訴479条1項・2項）。

法務大臣が死刑執行の命令を発するまでには、法務省において、判決に誤りがないかどうか刑事局の担当検事が審査したうえで死刑執行起案書を起草し、これが刑事局、矯正局、保護局等で決済を受け、死刑執行命令書となり、大臣官房を経て法務大臣に提出される。法務大臣が死刑執行命令を発すると、5日以内に死刑の執行をしなければならない（刑訴476条）が、日曜日、土曜日、国民の祝日、1月2日、3日および12月29日から31日までは、死刑は執行されない（刑事収容178条2項）。

死刑の執行は、「刑事施設内において絞首して執行」される（刑11条1項）。その内容は、明治6年（1873）の太政官布告65号によって定められ、死刑囚を絞架の踏板上に立たせ、絞縄を首に巻きつけたうえで、踏板を開落させて、緊縛により窒息死に至らせる方法がとられている。踏板開落のボタンは、それを押す刑務官の心の負担を軽減するため複数あり（その中の1つのボタンのみが踏板を開落させる）、複数の刑務官が同時にボタンを押すことになっている[3]。そして、「絞首された者の死亡を確認してから5分を経過した後に絞縄を解くもの」とされる（刑事収容179条）。死刑囚は、踏板が開落されて、15分から20分は絞縄に吊るされているという[4]。

死刑の執行には、検察官、検察事務官、刑事施設の長またはその代理者の立会いが必要であり、検察官または刑事施設の長の許可を受けた者でなければ、刑場に入ることはできないとされ（刑訴477条）、死刑執行の非公開原則がとられている。かつては、個別の死刑執行について、法務省から一切情報は公開されなかったが、平成10（1998）年に、執行当日に死刑執行の事実およびその人数が公表されるようになり、平成19（2007）年からは執行

された者の氏名・生年月日、犯罪事実、執行日、執行場所が公表されるようになった。

B 死刑執行数の現状

第2次大戦後の死刑の執行数の推移を見ると[5]、最も死刑の執行が多かったのは、昭和32 (1957) 年と昭和35 (1960) 年の年間39人である。しかし、その後、大きく減少し、昭和52 (1977) 年から平成元 (1989) 年までの間は、多くて4人であり、1人という年も多く、この間、執行数はわずかであった。そして、平成2 (1990) 年から平成4 (1992) 年の3年は執行数0であり、3年4か月の間、死刑の執行は行われなかった。しかし、平成5 (1993) 年には7人が執行され、その後も平成23 (2011) 年を除き毎年執行されている。最近10年間の執行状況を見ると、平成16 (2004) 年2人、17年1人、18年4人、19年9人、20年15人、21年7人、22年2人、23年0人、24年7人であり、平成25 (2013) 年は8人となっている。

なお、死刑確定者の人数については、多くの死刑確定者がいた戦後の混乱期を過ぎ、昭和50 (1975) 年代に入り、しばらくは20人台ないし30人台で推移していたが、徐々に増加に転じ、平成3 (1991) 年に50人を超え、平成19 (2007) 年には107人と100人を突破した。平成25 (2013) 年末では129人の死刑確定者が拘禁されている。

3 死刑制度と最高裁判所判例

A 死刑制度の合憲性について

死刑制度の合憲性については、最大判昭和23・3・12刑集2-3-191が重要である。

同判決では、「憲法第13条においては、すべて国民は個人として尊重せられ、生命に対する国民の権利については、立法その他の国政の上で最大の尊重を必要とする旨を規定している。しかし、同時に同条においては、公共の福祉という基本的原則に反する場合には、生命に対する国民の権利

といえども立法上制限乃至剥奪されることを当然予想しているものといわねばならぬ。そしてさらに、憲法第 31 条によれば、国民個人の生命の尊貴といえども、法律の定める適理の手続によって、これを奪う刑罰を科せられることが、明かに定められている。すなわち憲法は現代多数の文化国家におけると同様に、刑罰として死刑の存置を想定し、これを是認したものと解すべきである」としている。さらに、死刑が憲法第 36 条で絶対に禁じられた残虐な刑罰にあたるかという点については、「刑罰としての死刑そのものが、一般に直ちに同条にいわゆる残虐な刑罰に該当するとは考えられない」としつつ、「その執行の方法等がその時代と環境とにおいて人道上の見地から一般に残虐性を有するものと認められる場合には、勿論これを残虐な刑罰といわねばならぬ」としている。さらに、最大判昭和 30・4・6 刑集 9-4-663 は、死刑の執行方法としての絞首刑を憲法第 36 条にいわゆる残虐な刑に当たるとは言えないとしている。

　たしかに、憲法 13 条および 31 条の解釈からは、憲法上死刑制度が是認されていると言えようが、憲法上死刑制度は存続しなければならないとされているわけではなく、死刑制度を存続する場合には厳格に法定手続きに則ることが必要だと解すべきである。さらに、死刑の残虐性についての判断は、その時点からすでに半世紀を超える年月が経過していることを考えれば、現在このような判断がそのまま妥当しうるか疑問であろう。「現代多数の文化国家におけると同様に」という部分については、現代ではほとんどの文化国家は死刑を廃止していることに思いをいたすべきである。

コラム　絞首刑という執行方法は残虐か

　死刑の存廃論とは別に、長らく日本で続いている「絞首」という方法での死刑執行が残虐な刑罰にあたるのではないかという議論も重要です。板が開落して死刑囚の体が絞縄に吊り下がるとともに死刑囚の意識はなくなり苦しむことはないとも言われますが、生存者がいないことから本当の苦痛の程度はわかりません。しかし、吊り下げられたままで、心臓の停止が確認されるまでにはかなりの時間がかかりその間死刑囚の心臓は動き、体もけいれんが続くと言われています。

アメリカでは、西部開拓時代から「縛り首」という形で絞首刑が一般的に行われていましたが、その後、死刑執行の方法をより死刑囚の苦痛の少ない方法へということで、州により、銃殺、ガス殺（ガス室）、電気殺（電気椅子）、注射殺といった方法に変更されていきました。しかしそれでも、注射殺でも受刑者にかなりの苦痛があるとの指摘もあります。
　長く、日本では、死刑の執行方法は絞首であるとの認識が一般化してきましたが、21世紀の現代、一般国民の誰も目に触れない場所で執行されるからと言って、このような刑の執行が残虐でないとは到底言えないのではないでしょうか。死刑の執行に立ち会った経験をもち、死刑存置論者で、法の厳正な適用を常にマスコミ等においても主張してきた土本武司博士（元最高検察庁検事、筑波大学名誉教授）が、大阪市のパチンコ店放火殺人事件（5人死亡）の公判において、弁護側の証人として出廷し、「絞首刑はむごたらしく、正視に堪えない。残虐な刑を禁じた憲法に違反する」と証言されたとの報道[6]は、大きな意味をもつのではないでしょうか。

B 死刑の適用基準について

　いわゆる永山判決と呼ばれる最判昭和58・7・8刑集37-6-609によれば、死刑適用の基準に関し、「死刑制度を存置する現行法制の下では、犯罪の罪質、動機、態様ことに殺害の手段方法の執拗性・残虐性、結果の重大性ことに殺害された被害者の数、遺族の被害感情、社会的影響、犯人の年齢、前科、犯行後の情状等各般の状況を併せ考察したとき、その罪責が誠に重大であって、罪刑の均衡の見地からも一般予防の見地からも極刑がやむをえないと認められる場合には、死刑の選択も許されるものといわなければならない」と判示する。これを一般に永山基準というが、これらの諸点に加え、その後の裁判例では、さらに、犯行の計画性の有無と程度、共犯がいる場合の被告人の役割が判断の重要な要素となっていると言われる[7]。永山判決以降、下級審裁判所では、被害者の数、遺族の被害感情等を重視し、むしろ死刑判決が出しやすい状況になってきていると思われる。

4 国際社会の動向

A 世界の国々の死刑存廃に関する動向

アムネスティ・インターナショナル[8]の調査によると、今から約20年前の1993年6月には、死刑廃止国87（内訳は、すべての犯罪で死刑を廃止している国52、戦争時等を除く通常犯罪では死刑を廃止している国16、過去10年以上死刑を執行していない事実上の廃止国19）に対し、死刑存置国は103ということで、存置国のほうが多数であった。ところが、この20年間にも死刑廃止の潮流は大きく、2013年2月の時点では、廃止国140（内訳は、完全廃止国97、通常犯罪についての廃止国8、事実上の廃止国35）に対し、存置国58ということで、廃止国の数が存置国の数を大きく上回っている。

死刑廃止国が多いのはヨーロッパや中南米、南アフリカ諸国であり、存置国が多いのは中東やアジアである。OECD加盟の34の先進国のなかでは、日本とアメリカのみが死刑制度を存置しているが、アメリカでも死刑廃止の動きがあり、現在では、50州のうち18州が死刑を廃止し、死刑存置州も実際には死刑の執行を行っていない州が増えている。

B 死刑に関する国際連合の動向
[1] いわゆる死刑廃止条約

1989年に、国連総会において、一般に「死刑廃止条約」と呼ばれる「死刑の廃止を目指す市民的および政治的権利に関する国際規約・第二議定書」が採択された。その内容は、

「第1条　この議定書の締約国の管轄内にある者は、何人も死刑を執行されない。
　2　各締結国は、その管轄内において死刑を廃止するためにあらゆる必要な措置をとる。」

というものである。

現在70か国以上の国が締結しているが、日本は未だ締結していない。

[2] 死刑モラトリアム決議

　国連総会では、2007 年、2008 年および 2010 年に、死刑存置国に対し、「死刑の廃止を視野に入れて死刑の執行猶予を確立すること」などを求める決議が採択されているが、日本政府は、国民世論の多数が死刑の存置を支持していることを大きな根拠として、決議に反対投票を行っている。

5　死刑存廃論の検討

A　死刑存置論と廃止論のそれぞれの論拠

　死刑存置論と廃止論のそれぞれの論拠は様々であり、かみ合わないものもある。そこで、まず、法務省の平成 24（2012）年 3 月に出された「『死刑の在り方についての勉強会』取りまとめ報告書」[9)]におけるそれぞれの論拠を紹介する。

　それによると、廃止論の主な論拠は、
　①死刑は、野蛮であり残酷であるから廃止すべき。
　②死刑の廃止は国際的な潮流であるので、わが国においても死刑を廃止すべきである。
　③死刑は、憲法 36 条が絶対的に禁止する「残虐な刑罰」に該当する。
　④死刑は、一度執行すると取り返しがつかないから、裁判に誤判の可能性がある以上、死刑は廃止すべきである。
　⑤死刑に犯罪を抑止する効果があるか否かは疑わしい。
　⑥犯人には、被害者・遺族に被害弁償をさせ、生涯、罪を償わせるべきである。
　⑦どんな凶悪な犯罪者であっても更生の可能性はある。
　これに対し、存置論の主な論拠は、
　①人を殺した者は、自らの生命をもって罪を償うべきである。
　②一定の極悪非道な犯人に対しては死刑を科すべきであるとするのが国民の一般的な法確信である。
　③最高裁判所の判例上、死刑は憲法にも適合する刑罰である。

④誤判が許されないことは、死刑以外の刑罰についても同様である。
　⑤死刑の威嚇力は犯罪抑止に必要である。
　⑥被害者・遺族の心情からすれば死刑制度は必要である。
　⑦凶悪な犯罪者による再犯を防止するために死刑が必要である。
となっている。

　以上の廃止論と存置論の論拠の中で、廃止論の②については、国際的な潮流であっても、それぞれの国には固有の歴史、文化があるので、国際的な潮流を理由に死刑を廃止しなければならない必然性はないということになる。また⑥についても、そもそも犯人からの金銭は一切受け取りたくないとの遺族も多いのであるから、廃止の論拠にはなりにくい。そして⑦についても、仮に更生可能性があったとしても、犯した罪は変わらないとの考えの前では、決定的な廃止の論拠とはなりえない。そして、存置論の論拠も、①については、立場が違えばそうは考えられないとなるし、⑦については、死刑に代わる終身拘禁といった刑罰を導入することで回避できる問題である。

　このように考えると、死刑の存廃を考えるうえで重要なのは、(1) 抑止力の有無、(2) 誤判の問題、(3) 残虐な刑罰か、(4) 国民の法的確信、(5) 被害者・遺族の心情ということになるだろう。以下で、それらを検討する。

B　主な論拠の検討
[1] 抑止力の有無

　死刑に凶悪犯罪を抑止する力すなわち威嚇力があるか否かという問題はかなり以前から論じられてきた。ここで言う威嚇力は、死刑に刑罰一般としての威嚇力があるのは当然であるから、犯人の生命を奪うに値するような特有の強烈な威嚇力があるかということである[10]。死刑のもつ威嚇力については、これまで、アメリカの地理的、社会的、経済的な条件が似ている死刑存置洲と死刑廃止洲との凶悪犯罪の発生状況を比較し、または死刑を廃止した国の廃止前と廃止後の殺人の発生状況を比較するなどの実証的研究はあるが[11]、結論として、死刑に特有な威嚇力があると証明されたとまでは言えない状況である。

　瞬間的な激情にかられた犯行や、自分が捕まることを考えてもみない犯

人の場合には、死刑特有の威嚇力は認められないであろうが、これ以上犯行を積み重ねれば死刑が待っていると考え、それ以上の犯行を思い止まるというケースが全くないとは言えないであろう。しかし、逆に、死刑という刑罰があるために、自らの自殺の手段として凶悪犯罪を積み重ねる犯人や、すでに死刑に相当する犯罪を行った後に自暴自棄になって、捕まればどうせ死刑なのだからという思いでさらに犯行を重ねるというケースも起こりうる。死刑のもつ威嚇力という点は死刑の存廃論にとって重要な意味をもつとまでは言えないようである。

[2] 誤判の問題

　人間が行う裁判である以上、誤判の可能性は避けられないという点を廃止論の最も大きな論拠とする論者は多い。団藤重光博士は、自らの最高裁判所判事の経験から、今日の刑事裁判において誤判の可能性は完全に排除できないとの思いから廃止論の代表的な主張者となった[12]。

　誤判の可能性について、存置論からは、誤判の可能性はなにも死刑に限られるものではなく、懲役その他の刑罰に関してもありうることで、誤判の可能性を理由に死刑を廃止するというのであれば、刑事裁判自体を否定することになるとの反論がなされる。確かに、誤判によって長年月獄中で過ごさざるをえなかった人の失われた年月を取り戻すことはできない。その意味では、後で金銭的な補償をしてもそれは回復できないものであるが、死刑の執行による人の生命の取り返しがつかないこととは次元が異なるように思われる。財産も、自由も、名誉も、それが帰属するのが人間であり、死刑はその人間の生命を奪ってしまうものだからである。

　また、存置論からは、多くの人々の面前で残忍な犯罪を行った犯人については、誤判の可能性はないのであるから死刑を科すことができるとの主張もある。しかしこれには2つの点で問題がある。1つは、そのような形態の犯行にのみ死刑を科すことは法の下の平等原則に反するということ、もう1つは、たとえそのような状況で行われた犯行であっても、精神鑑定の評価を誤れば、本来、心神喪失・耗弱（刑39条1項・2項）として無罪または刑の減軽を受けうる被告人を誤って処刑してしまう可能性は排除できないからである。

実際に、誤判によって死刑判決が確定した死刑囚が、後に再審で無罪となったケースが4つある(免田事件、松山事件、島田事件、財田川事件)。これらは確かに、いまだ戦後の混乱期の捜査によるものであったと言えるが、今日でも誤判・冤罪は決して稀有なものではない。死刑囚ではないが、足利事件では、17年半の獄中生活の後に再審で冤罪が証明された(平成22〔2010〕年)。また、富山の女子高生強姦事件では、刑務所を仮出所した後に真犯人が判明し冤罪であることが発覚した(平成19〔2007〕年)。捜査員による自白の強要、証拠のねつ造・隠匿・廃棄等は、今日でも珍しいことではなく、しばしば報道されている。誤判・冤罪はあってはならないことであるし、さらにそれを防ぐ制度の確立と運用に努めなければならないが、誤判の可能性が排除できないという点は廃止論の大きな論拠となるように思われる。

[3] 残虐な刑罰か

　すでに述べたように、最高裁判所は、死刑という刑罰、さらには絞首という死刑の執行方法を憲法で絶対に禁じた残虐な刑罰には当たらないとしている。しかし、死刑は残虐な刑罰ではないのであろうか。
　刑罰は大別して、生命刑、身体刑、自由刑、財産刑、名誉刑に分けられ、日本で現在用いられているのは、生命刑(死刑)、自由刑(懲役・禁錮、拘留)および財産刑(罰金、科料、没収)である。受刑者の身体を傷つける身体刑は用いられていない。それは、身体刑が残虐な刑罰だからである。犯罪者の指や腕、あるいは耳や鼻を切り落とすといった刑罰は、一般の国民にとって残虐な刑罰と思われるであろうし、仮に、そのような刑罰を受けた元受刑者を街で見かければ、「こんな刑罰はやめるべきだ」と感じるであろう。それゆえ、今日、世界のほとんどの国では身体刑は用いられていない。
　それでは、身体刑と生命刑とはどこが違うのか。たとえば、むち打ち刑という身体刑は、むち打ちの回数が多くなれば受刑者は死亡し、身体刑が実質的には生命刑になる。生命刑は究極の身体刑とも言える。両者の違いは、最初から生命を断つことを内容としているか否かであり、非公開原則の下では、それが国民の目に触れることがあるかないかである。
　死刑の執行について、以前の極端な密行主義は多少緩和されたが、国民の全く目の届かないところで隠れるように行われているというのは、死刑

が残虐な刑罰であるとの暗黙の思いがあるのではないだろうか。

　これは刑務官の自己の職業に対する誇りにも関係する。他の人の命を救うためにやむをえないといった緊急性もないのに、人の命を絶たねばならない職業を心の底から誇りに思えるであろうか。死刑執行における踏板の開落ボタンが複数設けられていることがそれを表しているように思われる。やはり、死刑は残虐な刑罰と言わざるをえないのではないだろうか。

[4] 国民の法的確信

　人の命を奪った凶悪な犯罪者は死刑を科し、命で償うべきであるとの法的確信が国民にはある、というのは存置論の大きな論拠である。

　死刑制度に関する内閣府（以前は総理府）がほぼ5年ごとに行ってきた世論調査の結果によると、昭和50（1975）年には、死刑存置56.9%、廃止20.7%、わからない22.5%であったものが、平成6（1994）年には、存置73.8%、廃止13.6%、わからない12.6%となり、もっとも新しい平成21（2009）年の調査では、存置85.6%、廃止5.7%、わからない8.6%となり、死刑存置支持の割合が高くなっている。

　平成6（1994）年のアンケートからは、死刑制度に関して、「①『場合によっては死刑もやむを得ない。』②『どんな場合でも死刑は廃止すべきである。』③『わからない・一概にはいえない。』」という設問で尋ねている。しかし、存置を導く設問が「場合によっては……やむを得ない」であるのに対し、廃止を導く設問は「どんな場合でも……すべきである」であって、質問の設定自体が妥当なものなのか、疑問も残る。しかし、85%以上かどうかはともかく、マスコミの調査[13]などからも、国民の意思としては死刑存置が優勢であると言えよう。

　民主主義国家において国民の意思がきわめて重要であることに疑いはない。しかし死刑存廃は、人権の中でも最も重大な人の生命にかかわる議論である。歴史的に見ても国民の多数の声が必ずしも常に正しかったとは言えないこと、仮に一時的な感情から国民が明らかに基本的人権を侵害するような何らかの措置に賛成したとしても、それは正しいことではないこと、死刑を廃止したほぼすべての国において、その時点では死刑存置論が多数派であったこと[14]、等に照らせば、国民の意思を存置論の大きな論拠とす

ることには疑問が残る。

[5] 被害者・遺族の心情

　被害者・遺族の心情という問題が死刑の存廃を考えるうえで大きな意味をもつ。この十数年間の刑事司法においては、明らかに厳罰化・重罰化が進んでいる。立法においては、重大犯罪の法定刑の重罰化（刑 177 条・199 条等）、有期懲役・禁錮の上限の長期化（刑 12 条 1 項・14 条 1 項・2 項）、殺人等の公訴時効廃止（刑訴 250 条 1 項）などに見られ、裁判においても、新死刑確定者が昭和 50（1970）年代から平成 15（2003）年までは毎年 1 ケタであったのに対し、平成 16（2004）年からは 2 ケタに増え、20 名を超える年（平成 19〔2007〕年は 23 人、平成 23〔2011〕年は 24 人）もある。このような厳罰化・重罰化の背景はさまざま考えられるが、最近 10 年間、殺人も含め重大犯罪の認知件数は減っている[15]ことからすると、被害者・遺族の心情を考慮した刑事司法の運用という観点が大きく作用していると思われる。

　確かに、山口県光市母子殺害事件、名古屋 OL 殺害事件そのほかの凶悪無残な犯罪の遺族の声を聴けば、誰しも被害者・遺族の無念、悲嘆、苦悩に胸を打たれ、犯人に対する憎しみの感情はさらに強くなり、その思いが死刑制度の必要性へと向かうのは自然なことであるとも言えよう。

　しかし、それでも、言うまでもないが犯人の生命を奪っても殺害された被害者が戻ってくることはなく、国家の刑罰が被害者・遺族のある意味で復讐の手段となることは、刑罰の理念（応報を基本としつつも、犯罪者の更生という面も含むべき）からも望ましくなく、殺人という重大な罪を犯した多くの犯罪者には死刑は科されていないという事実（平成 23〔2011〕年の通常第 1 審の終局処理人員の殺人罪 385 人のうち死刑は 3 人のみである[16]）、こういった点を考えれば、被害者・遺族の心情を少しでも理解し、経済的な面では国家が、精神面も含めそれ以外の面においては、地方公共団体、社会、周囲の人々が、被害者・遺族の生活・心の安定を図る施策・活動を推進することが重要なのではないだろうか。

6 死刑廃止への道

　以上述べてきたところから、死刑制度は廃止されるべきだと考える。しかし、現在の刑罰制度の下で死刑の廃止が国民に受け入れられるかと言えば、それは困難であろう。死刑に次ぐ重い刑罰は、無期懲役であり、無期懲役は法律上10年を経過すれば仮釈放が可能である（刑28条）。実際には、無期懲役囚の刑務所への平均在所期間は、徐々に長期化し、平成23（2011）年には35年2か月となっている[17]。これは法改正により有期懲役の上限が20年から30年に引き上げられたこと、実際に無期懲役刑で仮釈放を受けた者が再び殺人を犯すという事件がわずかではあるが生じたこと等が背景にあると思われる。

　こうした中で、死刑を廃止するには、恩赦の可能性は排除しないが仮釈放は認められない終身拘禁刑（名称は「終身懲役」、「終身禁錮」）の新設が必要であると思われる。いきなり死刑廃止の法改正というのは難しく、5年間ないし10年間死刑の執行を停止し、凶悪犯罪の動向をみるための「死刑執行停止法」の成立が廃止に向けての具体的な一歩となるであろう。

　本章のタイトルである「死刑を行うのは犯罪的なことではないか」との問いに対しては、現行法の形式的な解釈によれば、憲法第13条・31条は死刑制度を容認し、第36条にいう残虐な刑罰にもあたらないとされ、法務大臣から直接死刑の執行にあたる刑務官まで、刑法199条の殺人罪の構成要件に該当する行為を行ったとは言えるが、刑法35条の「法令による行為」として、行為の違法性が阻却され犯罪は成立しないということになる。しかしながら、以上述べてきたことから、実質的には、死刑の執行は限りなく犯罪的な行為といってよいのではないだろうか。人の命を救うための緊急でやむをえない場合を除き、国家は国民（外国人も含め）の生命を奪うことはないという日が来ることが望まれる。

注）

1) 法務省のHPに、平成22年から24年にかけ、法務大臣の下に設置された「死刑の在り方についての勉強会」の資料および報告書が掲載されているが、ここにたどり着くのは難しい。

2) 有名なのは帝銀事件の平沢元死刑囚の例で、判決確定後 32 年間拘禁された後獄中死している。現在、名張毒ぶどう酒事件の奥西勝死刑囚は、確定死刑囚としての拘禁が 41 年に及ぶ。
3) 2010 年 8 月にマスコミに公開された東京拘置所の刑場の映像も参照。
4) 森達也『死刑』(角川文庫、2013) 167 の元検察官三井環氏によると死刑囚は落下後 30 分間吊るされるという。同書は、死刑廃止を多方面から考えるうえで有益である。
5) 各年の「犯罪白書」等による。
6) 2011 年 10 月 13 日付毎日新聞朝刊。
7) 川出敏裕・金光旭『刑事政策』(成文堂、2012) 73
8) アムネスティ・インターナショナルは、1961 年に創設された国際 NGO であり、死刑廃止をはじめさまざまな国際人権確保の活動をしている。その日本支部は、1970 年に設立された。
9) 法務省 HP
10) 大谷實『新版 刑事政策講義』(弘文堂、2009) 119
11) セリンやエールリッヒの研究が有名である。宮澤浩一・藤本哲也『講義 刑事政策』(青林書院新社、1984) 178〔辻本義男〕参照。
12) 団藤重光『死刑廃止論〔第 6 版〕』(有斐閣、2000) 159 以下。
13) 1980 年代から 90 年代にかけて行われた、朝日新聞、NHK、テレビ朝日、読売新聞の世論調査においても、60～70％台が死刑存置に賛成している。アムネスティ・インターナショナル日本支部編著『知っていますか？ 死刑と人権一問一答』(解放出版社、1999) 9
14) たとえば、「ギロチン」という独特の執行方法を用い、死刑存置論も根強かったフランスにおける死刑廃止につき、ロベール・バダンテール著、藤田真利子訳『そして、死刑は廃止された』(作品社、2002) 参照。
15) 『平成 24 年版 犯罪白書』11
16) 同上注 15) 50
17) 法務省 HP「無期刑受刑者の仮釈放の運用状況等について」

知識を確認しよう

【問題】

死刑存置論と廃止論のそれぞれの論拠を検討しなさい。

【解答への手がかり】

死刑制度の存置か廃止かという問題は、単に憲法、法律の形式的な解釈で答えが出るものではないことを意識して検討しよう。

第7章 どうしたら真相解明ができるか

本章のポイント

1. 刑罰法令に違反した者がいれば、捜査機関が手続法に従って証拠を収集し、犯人を検挙する。起訴後は、裁判所が真相を見極めて適正な刑罰を犯人に科する。この手続においては、真実の発見こそが生命である。

2. 事案の真相、すなわち実体的真実の解明とは、適正な手続を踏んだ上で行われなければならない。真相解明と言っても、仁義なき闘い（重大な違法手続）までして明らかにするものであってはならないのである。ところが、現実には強い真相解明の要請の中で、それが適正手続と衝突する場面もある。どこからが限度を超えた違法な解明手続となるのか、微妙な場合も多い。

3. どうしたら真相解明ができるのか。その要諦は、適正な手続によって証拠を収集し、そして、被疑者から真実の供述を得る究極の手段、「鍵」の探究を続けることである。ただ、その取調べの可視化は、真相解明にとってどこまで有用かとの課題もある。

1　真相解明のための課題

　刑事手続は、真相の解明に始まる法と証拠に基づく厳正な刑罰権の行使の過程である。しかし、その事実の再現・真相解明のための課題は多い。
　そこで、まず、①刑訴法の目的である実体的真実主義とは何かを考え、次に、②刑事手続の流れを理解するために、事件解明の道筋を事例でたどり、その問題点を概観する。そして、真相解明の方策として、③被疑者の取調べとデュー・プロセスに関し、(a) わが国の刑事手続の特徴点と、(b) 真相解明に向けた取調べとその可視化を考察し、最後に、④真相解明と刑事手続の担い手の今後の課題、などを探究することとする。

2　刑事訴訟法の目的と実体的真実主義

A　実体的真実主義

　刑訴1条は「刑事事件につき、公共の福祉の維持と個人の基本的人権の保障とを全(まっと)うしつつ、事案の真相を明らかにし、刑罰法令を適正且つ迅速に適用実現することを目的とする」と規定する。
　これは、秩序維持の責務を有する国家にとって、犯罪は「公の重大な関心事」であることから、適正手続（due process of law）を踏みながら、迅速に事案の真相を解明して真犯人を検挙し、適正な刑罰を科するという刑事手続の目的を掲げたものである。つまり、「有罪者たるべき者は的確に処罰し、罪なき者は誤って処罰しない」ということであり、この「事案の真相を明らかにする」ことをもって、実体的真実主義と言う。これこそ、刑事手続における指導理念、目指すべき目的である。この真相解明に関し、犯罪があれば必ず犯人を見つけ出して、処罰に手抜かりがないようにすべきとする徹底した「積極的」なそれがある。しかし、それでは人権侵害を招く恐れがあるとしてこれを否定し、被疑者・被告人の人権擁護、「成熟した適正手続」を強調した限りにおける、罪なき者を誤って処罰しないという「消

極的」なそれのみを強調する論者も多い[1]。

　確かに、無実の者が濡れ衣を着せられて「冤罪者」がつくられてはならないが、真犯人をみすみす見逃すこともしてはならない。犯人が速やかに検挙され、適切に刑罰権が行使されるためには、真相が解明されてこそのことである。実体的真実とは、本来価値的に中立であり不当な処罰をしないための鍵である。刑訴法は、真実に反する処罰はしないということを宣言しているのであって、人権擁護はその宣言に包含されていると解すべきである。第一、目的のためには手段を選ばずとばかりに、適正手続を疎かにすることなど近代国家においては許されるはずもない。

　もっとも、真犯人であるのに罪を免れようとする所行は、誰もが許されないものとするが、自己正当化して罪を免れようとするのは人間の弱点でもある。真犯人でも、最初から潔く罪を認めて刑に服する者の方が稀である。このため、明治時代に入っても暫くは拷問が続き、これが禁止された後も現行刑訴法が施行されるまでは完全には無くならなかったという不幸な歴史がある。しかし、拷問を加え嘘の自白をさせて冤罪者を出すことは、国家の犯罪とすら言える。その反省は、いやしくも国家機関が執った証拠の収集過程に重大な欠陥があれば、真実を前にしても証拠排除して、外観上も見苦しくない適正手続、すなわち、フェアな堂々たる「横綱相撲」をとるべしとの指針を示すことで結実している。それは、拷問等の厳しい取調べがなされず、そのため、たとえシラを切り通して罪を免れる真犯人を見逃してしまうようなことがあっても、まだその方が国家の罪は軽く、それよりも度を超した取調べによって冤罪者を１人でも出してしまうことの方が、よほど国家の罪は重いと見るようになったということである。

　こうして、刑事手続の生命線は真実の発見にこそあるが、それは適正手続から得た事実こそ、珠玉の「真実」とするのが法意である。「一人の冤罪者あらんよりは十人の逃罪者あらしめよ」[2]とのイギリスの法諺が意味するところは、刑罰権行使の究極的在り方と言えよう。

B 「真相解明」の意義と方策──担い手の在り方

　科刑の在るべき姿は、犯行の動機や態様など当該刑罰法令のすべてにわたって真相が解明されることを前提とすることにある。しかし、それが極

限的な「絶対的・客観的真相」を求めるのであれば、この上なく難しいことである。事情を最も知っているはずの犯人自身ですら、記憶が曖昧、あるいは動機が明確に説明できない場合もある。絶対的真相の解明は、究極にはいわば「神のみが知る真相」のカテゴリーになろう。したがって、ここでの真相とは、証拠に基づいて絶対的真相に限りなく誠実に肉薄しようとする、裁判上の「訴訟的真相」ということになる[3]。

そして、刑訴法が規定する法制として、被疑者の取調べにおける黙秘権（供述拒否権）の保障、強制・拷問等任意性を欠く疑いのある自白の証拠排除（自白法則）、又聞きになる伝聞証拠の禁止、弁護権と接見交通権の保障などがあり、さらに、重要判例となる違法収集証拠の排除法則（最判昭和53・9・7刑集32-6-1672）等がある。これらは、真犯人を特定するために虚実を見極め、正しい証拠の評価を経ることで事案の真相を解明して、適正な刑罰を科するための手段としての、デュー・プロセスを示したものと捉えられる。これは、真相解明に資する一面、事によりそれと矛盾してもこれを回避せずに証拠排除することとなるが、それも法が本来的・制度的に予定する限界として、受容すべきものとするものである。

刑事手続の担い手は、過去の犯罪事実とその裏付け証拠の的確な再現について、時々刻々薄れゆく物的痕跡と事件関係者の記憶を追い求めながら、精一杯、科学的・客観的に行おうと努める。しかし、その追及も人材・費用等の資源は有限であり、また、人間の営みである以上、制度的に冤罪を絶対に生じさせないという装置は整え難い。したがって、冤罪をも生みかねない危険で厳粛な手続に関与する、いわば「危険物」の取扱者として、「畏れ」をもってその任に当たることが求められる。

刑事法の泰斗団藤重光博士は「科学性のない刑法学は盲目であり、人間性のない刑法学は空虚である」[4]と喝破された。その刑法を実現するための刑事手続では、正しい証拠の選択による的確な事実の認定によって真相解明を目指す。その過程では、犯人と人間性溢れる姿勢でもって真剣に向かい合い、行為者の背後にある潜在的な人格形成の全体系を含めた人間性の理解に努める。そのような姿勢であってこそ、気が付けば真相に最もよく肉薄しているという状態でこれを成し遂げ得るものと言えよう。

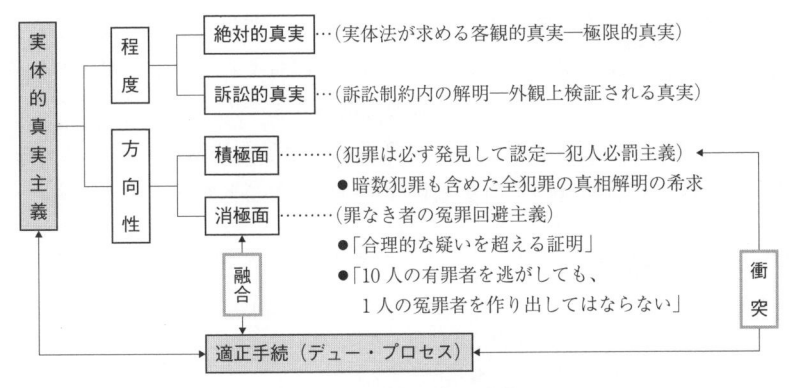

2 刑事訴訟法の目的と実体的真実主義 　105

```
                ┌─程       ┌─絶対的真実……(実体法が求める客観的真実―極限的真実)
                │  度      └─訴訟的真実……(訴訟制約内の解明―外観上検証される真実)
   実体的真実主義─┤
                │  方       ┌─積極面………(犯罪は必ず発見して認定―犯人必罰主義)
                │  向       │         ●暗数犯罪も含めた全犯罪の真相解明の希求
                └─向性     └─消極面………(罪なき者の冤罪回避主義)
                                        ●「合理的な疑いを超える証明」
                            融合        ●「10 人の有罪者を逃がしても、   衝突
                                           1 人の冤罪者を作り出してはならない」
                            └───→ 適正手続（デュー・プロセス） ←───┘
```

図 7-1　刑訴法 1 条の目的

コラム　今に生きる『レ・ミゼラブル』の「罪と罰」

　フランスはヴィクトル・ユゴーの大河小説ですが、わが国では邦題が「悲惨な人々」より、「ああ無情」の方が有名です。

　主人公ジャン・ヴァルジャンは、姉一家の家計を支えて働いていましたが、厳冬で仕事がなくなり、深夜、道路に面したパン屋のガラス戸を割って手を差し入れパン 1 片を盗んでしまいました。しかし、店主にすぐ追跡され捕まってしまい、裁判にかけられました。初犯なのに「夜間人の住居に押し入って盗みを働いた」との強盗並の罪に問われて、最高刑の 5 年の徒刑（懲役）に処せられました。物語でも不当な裁判として描かれていますが、彼は裁判に憤慨して 4 回もの脱獄未遂を犯して刑加重となり、19 年間もの服役を強いられた末に釈放されました。

　その後、彼は社会に尽くしモントルイユの市長にまでなりましたが、以前に少年から小金を奪ったことがあるとして、また収監されてしまいます。ところが、ある母子のためにまた脱獄し、彼の捕縛を執拗に狙うジャヴェール警部に追われるという逃亡生活に入ったのです。

　わが刑法では、ジャン・ヴァルジャンの行為は住居侵入罪には当たらず、器物損壊罪と窃盗罪が問われるだけです。処分は、事案軽微でパンも返還され、初犯で動機に酌量の余地があるため、起訴便宜主義の基準（刑訴 248 条）からして、明らかに起訴猶予事案と言えます。物語では、最高刑の裏事

情として、彼が一家の家計の支えに少し密猟をしていたとして民衆からも妬（ねた）まれる悪性情状が描かれています。これは起訴されていない事実で処罰しているに等しく、到底許されるものではありません。

また、読者の多くは執拗に追跡する警部を冷酷な法執行人と見ますが、法に忠実に従う警察官の正当な職務行為であったことも学ぶべきです。

●もっと知りたい方へ

鹿島茂「『レ・ミゼラブル』百六景」（文春文庫、2012）を参照。原作は1862年に5部にわたって出版され、150年後の2012年にはトム・フーバー監督によるミュージカル仕立てのイギリス映画が制作され、日本でも大ヒットした。

3 真相解明の道筋

A ある事件捜査の過程から─推理小説を読む如く

●時は初夏の昼下がり、初老のQ夫婦がS丘を散策中、崖の中腹の木の枝に引っかかった赤い服を発見した。不審に思い、携帯電話で警察に通報し、やがて甲警察署から数名の警察官が駆けつけて来た（①）。

警察官は、その服や下着等を拾って来た上、「甲市内にあるそば屋U店の経営者A（50歳）から、妻B（45歳）と従業員V女（23歳）が、1か月前から相次いで行方不明との捜索願が出ている。服等にはVのネームが入っており血も付いている。Vが殺されて死体が捨てられているかも知れない」と言い（②）、付近一帯を捜索したが遺体発見には至らず、Q夫婦も発見者として事情聴取を受けるため甲署に向かった（③）。

●甲署では、領置した服等の血の血液型がVのと一致したため、Vの物と断定して（④）、「V女殺害死体遺棄事件捜査本部」を設置し、捜査を開始した。捜査会議では、AがBとVとの三角関係の精算のため2人を相次いで殺害したとのA犯人説、あるいはB犯人説の主張が有力となったものの、肝心の遺体が発見できず捜査は難航した（⑤）。

マスコミは、U店のAら関係者に取材して報道合戦を連日続けた。このため、甲署では報道の自粛をマスコミ各社に申し入れた（⑥）。
　甲署では、Aを任意で取り調べたところ（⑦）、「妻Bが、私とVとの仲を疑い、Vを殴って全治2週間の傷害を負わせた」と供述したが、自らの犯行は否認した。その後、BをV殺害の重要参考人とみなして、Aの供述による上記のVに対する傷害容疑（別件）で全国指名手配をした（⑧）。
　その後、D男から「友人のC男（25歳）が、Yコンビニ店から酒を万引きし、その足でU店へ食事に行った際、BがV女を強く叱るのを見たことを話していた」との情報を得て、Cを任意で取り調べた。CにはAに恨みがありそうで、供述も曖昧で男女関係のもつれからCがBと一緒にVを殺害したか、またはその死体遺棄に関与しているとの疑いも出てきた。このため、捜査員がCの来店の事実やCが供述するような事実の有無をAに確認したが、Aは否定するばかりであった（⑨）。
●甲署では、Cを証拠の揃ったY店からの窃盗容疑で逮捕状を得て逮捕したが、常習犯と判明したことから、C方も捜索差押令状により捜索し、数店からの盗品多数を押収した（⑩）。そのCの勾留期間中、R山で野良犬が人骨様の物をくわえて走る姿を見たとの住民からの情報もあり、Cに対し、Bと一緒にVを殺害して遺棄したとの本件容疑により、徹夜も交えて連日取調べを行い、遂にCから「Bに頼まれ一緒にVを殺害し、Vの服をS丘に捨てた。遺体は、バラバラにして近くのR山に埋めた」との供述を得た（⑪）。このため、C案内の下でR山の捜索を実施し、Cが指示した場所から半ば白骨化した腕、足、胴体等が次々と発掘されるに至ったが（⑫）、頭部は腐敗し白骨化が著しくVとの識別は不能であった。
　そこで、甲署ではCをV殺害・死体遺棄容疑で通常逮捕して勾留中（⑬）、取調官からAがCの来店を否定し続けていることを告げられるや、Cは驚天動地の供述をするに至った。その内容は、「最近私の父がAと知り、母を捨てた父の顔が見たくてU店へ行った。その後、親しくなったVが『Bから辛く当たられ殴られ怪我をした』と言い、やがてU店に居づらくなり退職後、『BがAとの仲を疑って残りの給料をくれない。Bが憎い。殺して欲しい』と頼んできたため、VがBを呼び出し、私の車に2人を乗せてS丘まで行き、車内でBの首をタオルで締めて殺した。死体はのこぎ

りでバラバラにしてＲ山中にＶと一緒になって埋め、Ｂの被服はその付近で全部焼いた。更に、捜査かく乱のためＶがＢを殺す際に手を引っ掻かれて出血したＶの血をＶの服等にこすり付けＳ丘崖に捨てた。Ｖはその車で母の実家に行って隠れている」というものである（⑭）。

　先に発見されたバラバラ死体は、その血液型がＶ・Ｂとも同じ０型であったが、その後のＤＮＡ型鑑定からＢであることが判明した（⑮）。

　ＡもＣがＢ殺害等容疑で逮捕されるや、Ｃ来店の事実を認め「嫉妬深いＢには、前妻や子どものことは隠していたのでＢが殺されているとは知らず、Ｃの件を否定し続けた」とその否定していた理由も述べた（⑯）。

●Ｃには、被疑者の国選弁護人としてＷ弁護士が選任された。Ｗは、別件逮捕勾留であるとして、Ｃの勾留理由開示や勾留取消しの請求をし、徹夜取調べの事実をＣから聞くと甲署に抗議するなど活発な弁護活動を続けた。しかし、「真実はＶと一緒にＢを殺害した」との事実については、接見の際にＣから打ち明けられることはなかった（⑰）。

●その後、捜査機関はＢに対する殺人・死体遺棄の容疑でＣを逮捕し直し（⑱）、Ｖも同容疑で逮捕して両名を勾留の上捜査の結果、両名とも全面自白し、その裏付けやアリバイ捜査も徹底し、検察官は両名をＢ殺人等の共同正犯として起訴した（⑲）。しかし、公判では、弁護人が捜査手続に重大な違法があるとして、両名の自白等の証拠能力等を争った（⑳）。

Ｂ　本事件の「真相解明」における捜査上の問題点
[1]　初動捜査、被害者と犯人の特定

　Ｑ夫婦の通報から捜査が開始されているが（①が捜査の端緒となる。本格的捜索では、山林所有者の承諾ないし捜索差押令状により行う）、問題は、甲署に捜索願が出された時点から速やかに捜査が開始されたのか。また、Ｖが殺害されているとの思い込みがあったのではないかである（②の経過、④の血液型鑑定結果）。本件では遺体の被害者がＢで、Ｖが加害者であったが、実際にはこのような誤認事例も存するのである。

　捜査では、被疑者・関係者の取調べが重要である（③の取調べは通報者の参考人の取調べである）。被害者の交友関係等から痴情怨恨などの動機を持つ者の犯行仮説を立て、その立証に向けた証拠収集の捜査をする演繹的捜査

法がある。また、事件に関係しそうな証拠を収集して、それから共通項になる犯人像を割り出す帰納的捜査法もある。通常はその両手法で行うが、前者は「見込み捜査」としてその弊害が指摘される場合がある。しかし、捜査の密行性と迅速性の要請の中では、目標を持った証拠収集も必要で、これを一律に「見込み捜査」と批判するのは当たらない。ただ、思い込みは捜査の基本を誤らせる危険が大きい。被害者と加害者とを取り違えることなどあってはならず、本件ではB・V共に所在不明であるから、被害者の特定には特に慎重でなければならなかった。

　ところが、捜査員はいったん全体で1つの方向性が決まってくると、仮にこれに根本的疑問を抱く冷静な捜査員がいても、それを言い出せなかったり、疑問点を指摘しても無視されたりする「集団ムード捜査」の弊に陥るという、プロ集団が得てして陥る意外な盲点がある。真相解明の重大な阻害事情であり、重要なチェック事項と言える（⑤）。

　マスコミの報道合戦も、捜査の密行性と迅速性の要請からすれば阻害事情となる場合がある。犯罪は公の関心事であり、報道の自由との兼ね合いから、節度ある報道を期待するほかない。しかし、本件のように行方不明者がいれば、その者の生命の危険ないし逃亡や罪証隠滅のおそれもあるので、捜査を誤らせることなく事件の真相解明を行い、早期の事件解決を図るために、報道の自粛を申し入れることも必要な措置と言えよう。特に裁判員裁判対象事件であり、将来の裁判員－国民に予断を抱かせる危険があるとの制度根幹にかかわる問題点でもある（⑥）。

　また、Aに対する⑦⑨の取調べは、Cと異なり当時既にA犯人説が捜査会議で浮上していたことからすれば、単なる参考人ではなく、嫌疑が被疑者に準ずる重要参考人としての取調べであったものと思われる。

[2] 別件逮捕勾留と被疑者の取調べ

　Cに対する窃盗容疑での逮捕状の請求が、いわゆる別件逮捕の手法を採ったのではないかとの検証すべき問題点がある（⑩の逮捕状請求の経過。⑧も同様。⑩の捜索が本件殺人事件の証拠物押収を目的とするものであれば、別件捜索差押えとして、本件関係の証拠物が押収されても証拠排除される）。

　別件逮捕勾留論の(i)本件基準説では、本件（殺人）捜査のために窃盗の逮

捕状請求をしても、本件を基準にすれば逮捕の理由（疎明資料）がない以上、重大な令状主義潜脱行為・逮捕権の濫用として、その別件の窃盗逮捕状による身柄拘束を違法とし、その間に得られた⑪の自白も証拠排除すべきこととなる。しかし、窃盗の逮捕状の請求ではその窃盗だけの令状審査をするとの(ii)別件基準説、そして、身柄拘束後本件取調べを主として続けた事実をもって、それはもはや本来の勾留ではないとする(iii)別件の勾留実体喪失説がある。私見も支持する(iii)説からは、それ以前の自白の証拠能力を認める余地がある。特に、勾留目的が検察官の処分のための必要な捜査期間であるとの有力説に依った上、このＣ取調べでは窃盗の被疑事実の処分に必要な限り本件取調べも可能とする私見では、証拠能力を否定すべき理由はないこととなる。ただ、そうでないならば、その間の取調べによる自白の証拠能力は否定すべきこととなる。そして、別に刑訴319条1項の任意性の判断において、本事例のように徹夜を交えての取調べであれば、⑪の自白は任意性に疑いがあると言えよう[5]。

　ところで、なぜＣが当初虚偽の供述をしたのか。いかに取調べが強圧的であったとしても、死刑に処せられる可能性が高い重罪を自白する場合において、重大な嘘をつくものであろうかとの根源的な疑問が湧いてくる。そして、その虚偽の供述が別件逮捕勾留中の取調べや、徹夜の取調べでの任意性を欠く供述であってみれば、その調書の証拠排除も問題となる（⑪の捜査方法と取調べ経過）。その上、真実は被害者がＢなのにＶ殺害としての虚偽供述をしながら、死体遺棄では「秘密の暴露」（捜査官が予め知り得なかった真実の供述）となって、供述通り死体が発見された事実の訴訟手続上の扱い——証拠能力をどうするかである。適正手続の要請の中でどう実体的真実主義を実現するのかという悩ましい問題である（⑫の発見された死体は、⑩の別件逮捕勾留の違法な捜査と、⑪の徹夜の取調べ等の結果得られた自白によるものであり、いわば毒樹に実った果実であるとして、この⑫の証拠能力否定の問題、すなわち毒樹の果実理論の貫徹の是非問題がある）。

　そこで、当初の窃盗容疑での逮捕勾留中の自白と、それに基づく新事実（殺害の対象である被害者が、ＢではなくＶという誤った被疑事実）でＣを逮捕勾留中取調べがなされ（⑬）、意外なきっかけで本件の全真相をＣが自白した。さて、この自白をどう評価するかである（驚天動地の⑭の自白）。⑬の取調べ

は新たな事実の司法審査を経ており、また、⑭の自白は窃盗の逮捕勾留中の自白との因果関係はない。弁護人との頻繁な接見を経ており、⑪の徹夜取調べの影響は遮断されていると見ることができる。

そして、被害者の特定と科学捜査である。その自白は、発見された死体がDNA型鑑定によってBであることが客観的に裏付けられた（⑮）。再審無罪で有名な足利事件では、確定判決において有罪の根拠となったDNA型鑑定の証拠能力は、最決平成12・7・17刑集54-6-550で認められたが、再審請求の裁判で東京高決平成21・6・23判時2057-168がその鑑定の誤りを最新科学において指摘して再審開始決定をなし、結局、再審第一審判決の宇都宮地判平成22・3・26判時2084-157では無罪となって確定した。DNA型鑑定が著しい進展を遂げる過程での裁判であった。

本事例では、血液型によっては死体がBとは判別できず、DNA型鑑定が決め手になったもので（⑮）、初動捜査の誤りの危険性が指摘される。

また、C自白の裏付けにおいて、CのU店来訪事実や親子関係などの事実の裏付けは欠かせない。ここでは、人は、被疑者や参考人を問わず、重大事件であっても、供述人にとってより他に重要な利益があればこれを守るために、虚偽の供述をする場合があるということも教えられる。当初Cの来店を否定していたAの例は、捜査を誤らせる原因にもなりかねず、粘り強い、多方面からの裏付け捜査が必要である（⑯）。

[3] 弁護人の接見交通等の弁護活動

弁護人Wの被疑者Cとの接見等の弁護活動は、Cの権利保護と真相解明のための重要な補助者としての行為である。弁護人が、捜査機関の違法な捜査手続や任意性を欠く取調べ等をチェックし、被疑者のため証拠保全の請求等を行うことは、真相解明の観点からも重要な活動である。被疑者との信頼関係を築くこともないまま、徒に黙秘権を貫かせたり、真相解明を阻害したりするような活動は、大局を誤らせ被疑者の真の利益にはならないと言うべきである。

弁護人には、「弁護人が被疑者と接見すると、真実が明らかになるというようにならなければならない」[6]との役割が期待される。Wは、被疑者との接見が多い割には、肝心の真相の打明けがなく（⑰）、被疑者との信頼関

係の構築が不十分であったように思われる。弁護人としては、もし、Cから真実を打ち明けられれば、「自白して捜査に協力するように」と促すのが弁護人の真実義務にも沿う活動と言うべきであろう。

[4] 検察官の起訴と公判での争点

甲署では、CをB殺害・死体遺棄の被疑事実で逮捕し直し(⑱)、検察官もその勾留状の発付を得た。確かに、死体遺棄事実は先の被疑事実と重なっているとも言えるが、遺棄対象が違っているから、不当な同一事実の再逮捕という身柄拘束の蒸し返しの問題とはならない。また、Vも同事実で逮捕勾留をして、その事件の捜査を遂げてCとともに起訴しているが(⑲)、以上の問題ある捜査経過からは、それで違法な捜査の瑕疵が治癒されるか、公判での弁護人の争点摘示は重要である(⑳)。

弁護人の主張は、先行の捜査手続の違法を引き継ぐとの考え方で、毒樹の果実理論を条件関係の連鎖で認めるのであれば、Cの再逮捕の自白も含めすべて証拠排除し、他の情況証拠だけで有罪無罪を判断することとなる。しかし、重要証拠のBの死体がCの秘密の暴露により、かつC自らが現場案内して発見されていることをどう評価するかである。毒樹の果実理論でも、現場での死体発見は、先の人骨様の物をくわえた野良犬情報もあって、いずれ不可避的であり、その理論の例外となる。また、違法行為の因果の連鎖も、Vの逮捕勾留の司法審査の介在で遮断されたとも言える[7]。

4 被疑者の取調べとデュー・プロセス

A わが国の刑事手続の特徴点

わが国の刑事手続では、強制捜査は令状主義の下で行われ、被疑者の取調べなど緻密な捜査がなされる。各種刑罰法令は、故意・過失など主観的要素の違いを重視して刑罰を厳格に区分し、被疑者の供述によってその主観的要素や動機等を含め事案の真相を解明する必要が大きい。それは、被疑者にとっても弁解・主張の重要な機会である。ところが、アレインメン

ト（有罪答弁で証拠調べ省略）や司法取引の制度もなく、通信傍受も対象犯罪が広い他国と違って極めて限定的であるなど許追、捜査手法が抑制的で厳格である。このため、目撃者や物証がない事件、共犯者間での共謀と犯行の役割分担の解明が重要な事件、組織犯罪事件等では、取調べなくしては真相解明がなし得ない場合が非常に多い。また、身柄拘束中の場合は、取調べ受忍義務を課しての取調べも必要となる[8]。

B　真相解明に向けた取調べとその可視化

　取調べは極めて重要な機能を持つが、「自白を獲得することによって、事件処理の流れや結果を予測し、手続の期間を短縮して、事件処理を効率化する捜査（は）『捜査機関の予断に沿う供述を被疑者から獲得することに目的を収斂させる捜査』『糺問的な捜査』になってしまう危険をつねに内在させる。予断に関係した質問を繰り返して被疑者を困惑・疲弊させ、捜査機関が求める供述を誘導するものになってしまう」との指摘もある[9]。

　また、「虚偽自白は例外的な異常心理の所産などではなく、誰もが案外容易に陥っていく自然な心理なのだと気づく。……拷問などの強圧はなくとも被疑者が受ける取調べの圧力はそれだけで大変に厳しいものでこのことが過小に評価されやすい」として、身柄拘束による日常生活からの遮断で心理的に安定を失い、極悪非道などと罵倒されて精神的屈辱を受け、弁解が受け入れられず無力感を抱き、やがて迎合的になり捜査官の温情にほだされたりするなどの諸要因を挙げ「これらの要因が複合したとき被疑者が受ける圧力は、肉体的拷問に等しいレベルに達することがしばしばある」との分析もある[10]。

　上記論者の指摘も、刑事手続の担い手においては研究資料にすべきであるが、重要な課題は、むしろ被疑者の取調べの在り方そのものである。足利事件の佐藤主任弁護人は、次のように述べる。「真実」には無実（消極的真実）を含むから、常に被疑者は真実を知っている。捜査の技術がいかに進歩しても、被疑者の供述の重要性が不変であることは永遠の真理である。被疑者の取調べの重要性を説く捜査実務家の主張は、弁護の立場に立っても、正しいものと理解できる。被疑者から「真実の供述」を引き出すことができれば、現代のDNA型鑑定をも凌駕する珠玉の証拠となるであろう。

「自白は証拠の王」ではなく、「被疑者の供述は証拠の王」なのである。それは、「取調べ」ではなく被疑者の主体性を保障したところの、訴えに虚心に耳を傾ける「面接」であるべきで、その制度的保障が最も肝心である。究極の目標は「適正な」取調べではなく、「高度な」取調べである。「虚偽自白を生まない取調べ」ではなく、「真実の供述を引き出す取調べ」である。表面的に穏やかな取調べが、被疑者の有罪を確信した捜査官によるラポール（注：親和・共感関係）の確立を念頭に置かないクローズ質問が繰り返されれば、虚偽自白が生み出される恐れがあり、そのことを教えるのが足利事件の取調べテープであるなどと説く[11]。

　この佐藤主任弁護人の見解は、かつて検事として多くの取調べ経験を有する私見とも基本的には一致するものである。ただ、被疑者の主体性を重んじての「面接」論は、迎合的な足利事件の被疑者のような場合は妥当するが、筋金入りの暴力団員、常習犯、確信犯等にはそぐわない場合が多い。要は、被疑者の人格・尊厳を尊重し、弁解を虚心に聴き、真実のみを聞き出すとの取調べということである。そこで、被疑者取調べの可視化（録音・録画）問題が浮上する。任意性の争いによる裁判の長期化等の弊害是正など、取調べの可視化は真相解明に有用な面を有する。だが、供述の真偽の判断（あぶり出し）は容易ではなく、「神の手」にはなり難い。また、すべての取調べの可視化では、常時公開に等しく、誰もが建前のよそ行きの対応にならざるを得ない。特に、犯罪組織の全貌、構成員や上位者の犯罪関与状況等については、可視化では仲間からの仕返しを恐れて真実を供述し難い実情にある。

　しかし、今や捜査機関における取調べ毎の全過程の可視化の試行は相当進んでいる。その結果、被疑者の微妙な供述状況の全過程の可視化が、むしろそれにより、これが任意性立証にとどまらず、真相解明機能本来の「実質証拠」の立証に資するとの効用も確認されつつある。また、それがともすれば、供述した事実を調書に記載することこそ最良の立証方法とすることで生じがちな「調書至上主義」なるものの弊害を、共鳴のうちに是正するはたらきをもたらすとの指摘もなされる。

5　真相解明と刑事手続の担い手の今後の課題

　真相解明の方策に万能薬はなく、研究課題は多いが、適正捜査の環境整備・成熟化は進んでおり、検察官は、供述の信憑性の吟味や、警察等の取調べその他捜査の適正の厳格なチェックに一層努めるべきである。そして、冤罪・再審事件等を教材として、溢れる熱意・強力捜査が裏目に出る危険を回避するための複眼的思考法を学び、取調べの心理学上の研究や科学捜査の向上に努め、弁解を虚心に聴いて真実のみを引き出す取調べを徹底することである。捜査・公判過程で反対証拠や不都合な真実が顕れて真相解明に疑問が生ずれば、潔く原点へ「引き返す勇気」を持つとの組織理念の確立である[12]。また、検察は公訴権を慎重に行使し、極めて高い有罪率を維持しているが、無罪が出ることは刑事手続が適正に機能している証左でもあり、後ろ向きの現状維持の活動であってもならない。四半世紀先を見越した積極的な制度改革に向け、無辜（むこ）を罰せず、そして犯罪事象に対して果敢に対応できるための「新しい刑事手続」を目指すべきである。

　また、被疑者にも国選弁護人制度が導入され、接見による援助を早期に受ける途が拡大したが、弁護人も真相解明こそ被疑者・被告人の真の利益であることなど、奥の深い真実義務を踏まえた弁護をする必要があろう。

　そして、裁判所も被告人の自白の真偽を見極め、間接証拠を正当に洞察評価できる実力を涵養すべきである。さらには、国民の司法参加としての裁判員と、そのバックに控えて続く一般国民も、広く刑事手続の担い手の一員であることを自覚し、一時の世情の気運に惑わされず、冷静にまずは冷厳な事実をひるまず理解することが、真相解明の一里塚となろう。

注)

1) 平野龍一『刑事訴訟法』（有斐閣、1958）8。なお、団藤重光『刑法の近代的展開［増訂版］』（弘文堂、1953）149 は、真実の発見ができない場合の1つとして、犯罪の暗数が多いこと、すなわち、当然に発見されるべき犯罪が発見されないことも指摘される。

2) 穂積陳重『法窓夜話』（岩波書店、1980）216。その法格言の原文は、Better ten guilty escape than one innocent suffer となっている。

3) 団藤重光『新刑事訴訟法綱要〔第7版〕』（創文社、1967）209。

4) 団藤・前掲注1) 271。
 5) 加藤康榮『適正捜査と検察官の役割——適正な裁判を求めて』(北樹出版、2008) 171。
 6) 平野龍一博士が日弁連での講演で述べた見解。同「刑事裁判をめぐる諸問題」日本弁護士連合会編『日弁連研修叢書・現代法律実務の諸問題 (上) 平成元年版』464。
 7) 大阪高判昭和52・6・28刑月9-5＝6-334〔百選9版79事件〕〔中谷雄二郎〕参照。
 8) 「取調べ受忍義務」は、学説では否定説が多いが、接見国賠安藤事件・最大判平成11・3・24民集53-3-514は「身柄拘束中の被疑者に取調べ受忍義務があると解することが、直ちに被疑者からその意思に反して供述することを拒否する自由を奪うことを意味するものではなく、これを規定した本条但書 (法198条1項但書) の規定は、憲法38条1項にも反しない」として、本条但書の反対解釈にもとづく取調べ受忍義務肯定説で運用の実務を支持している。
 9) 高田昭正『被疑者の自己決定と弁護』(現代人文社、2003) 39。
10) 浜田寿美男『自白の研究 (新版)』(北大路書房、2005)「新版のための序において」ⅲ以下。
11) 佐藤博史「足利事件の取調べテープが教える取調べの技術」沼野輝彦教授古稀記念論文集『刑事法の現状と課題』(日本大学法学研究会、2011) 4以下。
12) 平成23年9月30日検事総長通知「検察の理念」(『研修』2011・11・761) 6は、「真実を希求」、「自己の名誉や評価を目的として行動することを潔しとせず、時としてこれが傷つくことをもおそれない胆力が必要である」ことなどを理念とすることを説く。

知識を確認しよう

問題

(1) 強制拷問その他任意性に疑いがある自白獲得はなぜ禁じられるのか。
(2) 適正手続は真相解明と矛盾する要請だろうか。

解答への手がかり

(1) 強制拷問が絶えない苦い歴史を踏まえ、強制拷問等による自白の証拠排除を憲法38条2項が規定し、これを受け刑訴319条1項もほぼ同旨の規定を置いたが、これは真相解明のための大前提であること。
(2) 刑訴1条が目的とする実体的真実主義は、踏むべき適正手続との衝突を克服してこそ、かえって珠玉の真実が得られるのではないか。

第8章　検察審査会と裁判員制度

本章のポイント

1. 刑事手続は、これまで法曹関係者に運用が委ねられていた。しかし、現在、刑事手続に一般国民の参加を認める法改正がなされ、裁判員制度を導入するとともに、既存の検察審査会制度はその機能を強化している。
2. 検察審査会法は、検察審査会の起訴相当の議決から発展した起訴をすべき旨の議決に起訴を強制する法的拘束力を認めているが、それを認める際に被疑者への影響に配慮して、検察官の不起訴処分の当否を慎重に審査する手続を整備している。
3. 裁判員制度は、裁判官の専門性と裁判員の健全な社会的常識が相互に影響しあったより良い裁判の実現を目的とする。裁判員法は、その実現の前提として、広範囲での国民の裁判参加を可能にする選任手続を定めている。

1 刑事手続への市民参加制度

A 司法制度改革審議会の意見書

　平成13（2001）年6月に提出された司法制度改革審議会の意見書（以下、「審議会意見書」という）は、憲法の基本理念である「法の支配」と結びつけて国民に利用しやすい司法制度を目指した提言を行った。そのうち、刑事司法制度については、刑事裁判の充実・迅速化、公訴提起のあり方の検討、刑事訴訟手続に国民が参加する制度の導入などが提言された。その背景には、特異重大な事件の裁判の長期化や、凶悪事件であるにもかかわらず刑が軽すぎるといった刑事裁判に対しての国民側の批判があり、それらが刑事司法に対する信頼を損なう一因となっていることへの対応の必要などのさまざまな要因が指摘されている[1]。ここでは、主に刑事司法に対する国民の信頼の維持・確保が問題とされているが、その対応の一つとして、刑事手続に国民が一定の限度で参加する裁判員制度が新たに導入され、既存の検察審査会制度について検察審査会法の一部改正が行われた。

B 刑事手続への市民参加制度についての具体的提言
[1] 裁判員制度の導入

　これまで刑事手続の運用は、検察審査会の場合を除き、裁判官、検察官、弁護人等の法律専門家に委ねられており国民にとってかかわりの少ないものであったが、審議会意見書は、「一般の国民が、裁判の過程に参加し、裁判内容に国民の健全な社会常識がより反映されるようになることによって、国民の司法に対する理解・支持が深まり、司法はより強固な国民的基盤を得ることができる」として、「刑事訴訟手続について、広く一般の国民が、裁判官とともに責任を分担しつつ協働し、裁判内容の決定に主体的、実質的に関与することができる新たな制度を導入するべきである」との提言を行った。この審議会意見書の刑事訴訟に一般国民の参加を認める理由は、同じく国民参加型の刑事裁判手続である大正12（1923）年に制定され昭和18（1943）年まで実施されていた陪審制度の「この制度の実施によって国民は自然裁判に親しみ、……裁判に関する理解もでき、従来稀にあった誤解

や疑惑も一掃され、益々裁判の威信を高められる」という導入理由とも、一般の国民の刑事手続への参加により司法を支える国民的基盤が強化されるとする点で共通している。この提言に基づいて、平成16（2004）年5月28日に、刑事裁判に国民の参加を認める「裁判員の参加する刑事裁判に関する法律」（以下、「裁判員法」：平成21〔2009〕年5月21日施行）が定められて裁判員制度が導入され、その具体的手続が規定されている。

[2] 検察審査会の機能強化

審議会意見書は、「検察審査会の制度は、まさに公訴権の実行に関し民意を反映させてその適正を図るために設けられたものであり国民の司法参加の制度の一つとして重要な意義を有しており、……このような検察審査会制度の機能を更に拡充すべく、被疑者に対する適正手続の保障にも留意しつつ、……検察審査会の一定の議決に対し法的拘束力を付与する制度を導入すべきである」と提言している。これは、検察審査会の議決の効力を強化して、公訴権の行使に民意をより反映させることによって、検察官の独善を防ぎ、その行使を一層適正なものとするものである。その意味では、一般国民の刑事手続への参加により、司法の国民的基盤を強化しようとする裁判員制度の導入理由と共通する。この提言に基づいて、平成16年に検察審査会法が改正され、検察審査会の機能を強化するとともに、その審査を充実して慎重に行う手続が整備されている。

2　検察審査会制度

A　検察審査会制度導入の経緯と問題点
[1] 検察審査会制度の意義

検察審査会は、「公訴権の実行に関し民意を反映させてその適正を図る」（検審1条1項）目的のために創設された機関である。検察審査会は、衆議院議員の選挙人名簿からくじで選ばれた一般市民11名で構成され（4条）、告訴権者等の申立や職権で審査を開始し（2条2項3項）、検察官の行った不起

訴処分の当否を審査し（2条1項1号）、検察事務の改善に関する建議・勧告を行う役割を担っている（2条1項2号）。

わが国では、戦前、公訴権の行使について、起訴独占主義と起訴便宜主義を採用して検察官に大きな権限を独占させていた。これを現行刑訴法も受継いでおり、検察官は、公訴権を独占的に行使し大きな裁量権をもっている（刑訴247条・248条）が、このような法制は、公訴権が恣意的・独善的に行使され、あるいは党派性をもって行使される危険を内包しており、それを防止する必要性が大きい。その防止のための制度の一つとして、公訴権の行使に関して、検察官とは異なった一般市民の良識・感覚を反映させる検察審査会制度が導入された（検察審査会法：昭和23年法律147）のである。

[2] 検察審査会制度の導入経緯

検察審査会は、戦後、刑事訴訟法の全面改正が議論された時期に、GHQ側が、検察官が公訴権を独占的に掌握している法制を危険視して、検察の民主化を図るために検察官公選制と大陪審（起訴陪審）の採用を示唆したことをきっかけとして、日本政府側との折衝の過程を経て導入された制度である[2]。そこでは、検察官公選制は、国民の民度が高いとは言えず政党の勢力に左右されてはかえって検察制度が歪むおそれがあるとの危惧が示され、大陪審は、わが国の国民性と陪審法実施の経験からすると適切でないとして採用に至らなかった[3]。この経緯の下で代替案として、公訴権の行使に民意を反映させるために採用されたのが検察審査会制度である。

この制度の導入に際しては、アメリカの大陪審が参考にされたが、大陪審が、捜査活動を補充し処罰を確保し、不当な起訴処分を抑制する役割をもち、更には職権で事件を起訴できるのに対して、検察審査会は、検察官の不起訴処分を事後的にチェックするにとどまり、積極的に補充捜査を行う権限はなく、その議決には法的拘束力が認められていない点で異なる[4]。したがって、両者は、その果たす役割・機能に大きな差異がある[5]。この検察審査会制度の大きな特徴は、その不起訴処分を不当とする議決に法的拘束力が認められていない（旧検審41条）点にあった。

[3] 改正前の制度の問題点

　改正前の検察審査会制度に対しては、①検察官の責任で起訴・不起訴が決定されるので、事件を再捜査し検討したとしても、検察官には有罪の確信に基づく起訴という高い起訴基準によって公訴権を行使する傾向がある以上、検察審査会の議決を極力尊重する方針で望むとしても公訴提起に至らない場合が多くなる。そのため、民意を反映させるという観点からは、検察審査会の議決に法的拘束力を認めないことは不徹底である。他方で、②検察審査会制度は被疑者の地位を不安定にする側面があるが、審査手続における被疑者の位置づけが明確にされていないこと等が指摘されていた[6]。なお、これらの検察審査会制度の問題点が浮かび上った著名な事件として、例えば検察審査会法の改正前の「甲山事件」がある。

　これまでも検察審査会に対しては、公訴権の行使に民意を反映させる制度として一定の評価がなされていた。しかし、社会の耳目を集める事件等で論評されるごとに、その議決に法的拘束力がないことは不徹底であるとの批判が加えられており、その一方で被疑者の地位を不安定にする制度の問題点も指摘されていた。その過程で、学説は、検察審査会の議決に法的拘束力を付与すべきかについて上記の①と②に配慮しながらも、制度創設の経緯、各々の時期ごとの現状認識の差異等を反映して対立していた。

B　現行検察審査会法（改正後の検察審査会法）

　上記の審議会意見書は、検察審査会の議決に対し法的拘束力を付与する制度の導入を提言し、被疑者に対する適正手続の保障にも留意しつつ、その組織、権限、手続のあり方や起訴、訴訟追行の主体等についての検討を行う必要を指摘している。そこで、この点に配慮して検察審査会法の一部改正では、①検察審査会の議決に基づき公訴が提起される制度（検審41条の2以下）と、②審査補助員制度（39条の2以下）の導入を重要な柱とした審査手続を整備している。

[1] 検察審査会の審査手続の構造

　検察審査会の審査は、検察官の不起訴処分の当否を審査の対象とすることから事後審的な性格を有している。そこでは、審査資料の範囲は原則と

して制限されており不起訴処分時に用いられた証拠のみを基本的な判断資料としてその当否を審査することになる。

[2] 検察審査会の議決の種類

　検察審査会は、検察官の不起訴処分に対して審査し、①起訴相当の議決、②不起訴不当の議決、③不起訴相当の議決を行う（39条の5）。このうち①の起訴相当の議決は、積極的に起訴が相当であるとの結論に達した場合に、②の不起訴不当の議決は、①の場合を除き不起訴処分を不当とするときの議決で、再度のより詳細な捜査の実施を求めてなされ、③の不起訴相当の議決は、不起訴処分が妥当であるとの判断に至ったときになされる。

　①の起訴相当の議決と②の不起訴不当の議決がなされたときは、検事正に議決書の謄本が送付され、検察官には速やかに当該議決に係る事件について公訴提起処分、または不起訴処分をする処分義務を課せられ、その結果を検察審査会に通知しなければならない（41条）。なお、後述するように検察審査会が二段階の審査手続を採っていることから、検察審査会が法的拘束力をもつ起訴をすべき旨の議決をするには、①の起訴相当の議決が第1の審査手続段階でなされている必要がある。

[3] 検察審査会への検察官の出席と審査補助員への委嘱

　検察審査会の審査と議決は、対象となった事件の検察官の処分の当否を再検討するものであり被疑者の地位を不安定にする側面がある。そこで、検察審査会の審査は、検察官が不起訴処分をした際に把握していた事件の事実関係や証拠上・法律上の問題点を十分に理解してなされる必要がある。検察審査会法は、この点に配慮した手続を定めている。

(1) 起訴をすべき旨の議決の際の検察官の出席

　後述する第2段階の審査手続でなされる起訴をすべき旨の議決は、それに基づいて公訴提起がなされるという重大な法的効果を伴うので、検察審査員は、不起訴処分の理由を十分に把握して判断をする必要がある。そこで、検察審査会法は、慎重な審査を担保して、起訴をすべき旨の議決をする際には、予め検察官に検察審査会に出席して意見を述べる機会を与えなければならない（41条の6第2項）としている。

(2) 審査補助員制度

　検察審査会の権限の強化は、被疑者の地位にも重大な影響を与えるので、検察官の不起訴処分の当否の審査に際しては適正で充実した審査が求められた。そこで、検察審査会法は、検察審査会は、法律に関する専門的な知見を補う必要があるときは、弁護士の中から事件ごとに審査補助員を委嘱できるとする審査補助員の制度を導入している（39条の2以下）。

　この制度の導入理由には、以下の事情が考えられる。それは、これまでの検察審査会の議決には、法律的な問題や構成等が十分にふまえられておらず感覚的な内容にとどまるものもあるとの指摘もあった。そこで議決に基づき公訴が提起される制度の導入に際しては、審査が事件の事実関係や法律上の問題点に即して証拠を検討して充実してなされる必要があり、また、その後に作成される議決書の内容も整理されたものであることが求められることから、法律の専門家が補助する必要があるとされたことにある。

　審査補助員への委嘱は、第1段階の審査手続では、法律に関する専門的な知見を補う必要があるときに委嘱できる（39条の2）とされているが、そこで起訴相当の議決がなされた後の第2段階の審査手続では委嘱は必要的とされている（41条の4）。これは、第2段階の審査手続での起訴をすべき旨の議決は、公訴提起を行う強制起訴の効果を伴うので適正で充実した審査を行う必要があるからである。審査補助員の職務は、検察審査会長の指揮監督を受けて、審理に際して、①当該事件に関係する法令およびその解釈を説明すること、②当該事件の事実上および法律上の問題点を整理し、ならびに当該問題点に関する証拠を整理すること、③当該事件の審査に関して法的見地から必要な助言を行うことである（39条の2第3項）。また、検察審査会は、それらの職務を行った審査補助員に議決書の作成を補助させることもできる（同条4項）。また、検察審査会が起訴をすべき旨の議決をしたときは、審査補助員は議決書の作成を補助しなければならない（41条の7第2項）。但し、審査補助員は、検察審査員の自主的な判断を妨げるような言動をしてはならない（39条の2第5項）とされている。

[4] 検察審査会の審査手続

　検察審査会法は、起訴相当の議決後に法的拘束力を有する起訴をすべき

旨の議決を行うための手続として、検察官の再検討・再処分を経た上での2段階の審査手続を定めている。これは、同議決により公訴提起という重大な効果が生じるので慎重で充実した審査を期して、本来の公訴官である検察官に再検討を促し、検察官が議決の指摘事項を踏まえて再度不起訴処分を行った場合に、更に検察審査会が第2段階の審査をするとするものである。

(1) 第1段階の審査手続

検察審査会の議決は、原則として過半数で決する(検審27条)が、積極的に起訴が相当であるとの結論を示す起訴相当の議決は、検察審査員8名以上の多数による必要がある(39条の5第2項)。これは、起訴相当の議決は、法的拘束力を有する起訴すべき旨の議決の前提となるので議決要件に特別多数を定めて慎重な審査を期するものである。

検察審査会が、起訴相当の議決、不起訴不当の議決をした場合は、理由を付した議決書が作成され、その謄本が所轄の検察庁の検事正および検察官適格審査会に送付される(40条前段)。この場合に、検察官は、速やかに当該議決を参考にし検討した上、当該議決に係る事件について、公訴提起する処分を行うか、または不起訴処分を行う必要があり(41条1項2項)、その結果を検察審査会に通知する必要がある(同条3項)。

(2) 第2段階の審査手続

検察審査会は、起訴相当の議決をしたにもかかわらず、検察官から再度の不起訴処分の通知を受けとったときは、その処分の当否の審査を行わなければならない(41条の2第1項)。これによって、第2段階の審査手続が開始される。この場合に検察審査会は、起訴相当の議決に係る議決書の謄本を送付した日から3か月以内に検察官から当該議決に係る事件の処分の通知がなかったときは、当該議決があった公訴を提起しない処分と同一の不起訴処分をしたものとみなして審査を行う(41条の2第2項)。検察審査会は、審査の結果議決をしたときは、理由を附した議決書を作成しなければならない(40条)。それが起訴をすべき旨の議決である場合には、議決書にできる限り日時、場所、方法をもって犯罪を構成する事実を特定してその認定した犯罪事実を記載しなければならない(41条の7第1項)。この場合には、審査補助員に議決書の作成を補助させなければならない(41条の7第2項)。

これは、起訴をすべき旨の議決は、後に行われる公訴提起の際の犯罪事実の特定の基礎となるので、その作成に法律専門家の知見を反映させる必要あるからである。

[5] 指定弁護士による公訴提起とその維持

　検察審査会が、起訴をすべき旨の議決をした場合に、その理由と認定した犯罪事実等を記載した議決書の謄本が当該検察審査会の所在地を管轄する地方裁判所に送付される（検審41条の7第3項）。その後、裁判所は、当該議決に係わる事件について公訴の提起とその維持に当たる者を弁護士の中から指定する（同41条の9第1項）。これは、検察官が当該議決に係わる事件を担当すると、既に検察審査会の議決に対して再度不起訴処分の判断をしているので、一般国民からすると、その職務遂行の具体的内容を問題とする以前に外形的な職務の公正らしさに疑念が生じることになるからである。そこで、検察官の不起訴処分の当否が問題とされ、強制的な起訴がなされる付審判決定（刑訴262条以下）の場合と同じく、裁判所が指定する弁護士が公訴提起とその維持にあたるとしたのである。この指定を受けた弁護士は、検察官の職務を行い、公訴提起およびその維持のために刑事訴訟法上の権限を行使することができる（検審41条の9第3項）。指定弁護士は、速やかに、起訴相当の議決に係わる事件について公訴を提起しなければならず、公訴提起する義務を負っている（同41条の10第1項）。

C　強制起訴制度の導入後の問題点

　現在、検察審査会の起訴をすべき旨の議決に法的拘束力を認める強制起訴制度が導入されたことから、公訴権の行使に民意を直截に反映させることが可能となり、平成22（2010）年1月に明石歩道橋事件、同年3月にJR福知山線脱線事故事件、同年10月に民主党元代表政治資金規正法違反事件等で、検察審査会の議決によって市民感覚に基づいた強制起訴がなされている。そこでは、検察官の高い起訴基準とは異なり、明石歩道橋事件の検察審査会の議決以来示されている、検察審査会は、「国民は裁判所に無罪なのか有罪なのかを判断してもらう権利があり、国民の責任において公正な刑事裁判の法廷で黒白をつけようとする制度で、真相は法廷で明らかに

すべきである」との考え方に基づいて起訴をすべき旨の議決がなされている。

ただ、ここでは検察官の確実な有罪証拠に基づく起訴基準と、一般国民が証拠を検討した上での市民感覚に基づく起訴基準という2つの基準が存在する。そのため、検察審査会の議決に基づく強制起訴では、検察官による通常の起訴と比べると無罪判決が出される余地が大きいことも事実である。そこで、検察審査会制度が健全に発展するためには、審査の対象となる事件の事実および証拠関係を冷静に分析して慎重で充実した審査を経て議決を行う必要がある。また、そのような慎重な議決を着実に積重ねることが、余りに高いと評されている検察官の起訴基準の見直し改善につながると言えよう。

3 裁判員制度

A 裁判員制度の導入の意義
[1] 裁判員制度の導入の意義

裁判員制度の導入の意義について、裁判員法1条は、「国民の中から選任された裁判員が裁判官と共に刑事訴訟手続に関与することが司法に対する国民の理解の増進とその信頼の向上に資する」ことを挙げている。つまり、裁判員制度は、国民が裁判過程に参加することによって、国民の司法に対する理解を深め司法の国民的基盤を強固することを目的としている。また、副次的には、国民の裁判参加によって、裁判官が国民の理解を得ることに努めるので、わかりやすい裁判の実現が可能になるという目的もある。裁判員裁判の特徴は、裁判員法の規定によって決定されるが、そこでは、裁判員は、①事実の認定、②法令の適用、③刑の量定について合議する（裁判員6条1項）とされ、また評決について、裁判員と裁判官は同等の評決権をもち、裁判員および裁判官双方の意見を含む合議体の員数の過半数の意見によって決せられる（同67条1項）とされている。この裁判員に与えられている権限の内容から裁判員制度は、基本的に裁判員と裁判官が同一の権限

をもち協働する参審制度の性格をもつと理解されている。この点と関連して、諸外国には、刑事裁判に国民が参加する制度として、アメリカなどの陪審員が職業裁判官から独立して事実認定を行い、その結果に職業裁判官が拘束される陪審制度と、ドイツなどでみられる参審員と職業裁判官が平等の評決権をもち合議で協働する参審制度とがある。前者は、国民の判断を尊重して事実認定を国民に委ねるものであるが、裁判員制度では、国民の健全な社会常識が裁判に反映することを意図しつつ、同時に事実認定における裁判官への信頼も重視して、両者が協働するとしている点に特徴があるので、後者の参審制度の性格をもつと言える。ただし、裁判員法は、後に触れるように、裁判員の選任手続などを規定しているが、そこには陪審制度に特有の手続も採用されている。

[2] 裁判員制度の合憲性

裁判員制度については、その実施後に、具体的な事件の審理において、制度の合憲性が争われていたが、最高裁平成23(2011)年11月16日大法廷判決（最大判平成23・11・16刑集65-8-1285）において、最高裁は、刑事裁判に国民が参加して民主的基盤の強化を図ることと適正な刑事裁判を実現することは相容れないものではなく、憲法上国民の司法参加が禁じられていると解すべき理由はない判断した。その上で、①裁判を受ける権利の侵害(同31条・32条・37条1項・76条1項・80条1項)、②裁判官の職権の独立の侵害(同76条3項)、③国民に対する意に反する苦役にあたる(同18条)等の被告人側の主張について、おおむね以下の判断を行った。それは、①裁判員の権限は評議において、事実認定、法令の適用および刑の量定について意見を述べ、評決を行うことにあり、法律的な知識があることが不可欠とは言えず、裁判員がさまざまな視点や感覚を反映させつつ、裁判官との協議を通じて良識ある結論に達することは、十分に期待できる。また、②評議に当たって裁判長が十分な説明を行う旨が定められ、評決では多数意見の中に少なくとも1人の裁判官が加わる必要があるとされていることも考えると、被告人の権利保護の観点からの配慮もされている。さらに、③裁判員の職務は、司法権の行使に対する国民の参加という点で参政権と同様の権限を付与するもので、同法が辞退に関し柔軟な制度を設けていることも考慮すれ

ば、「苦役」にあたらないことは明らかであるというものである。その結果、同制度は最高裁により合憲と判断されるに至っている。

コラム　公判前整理手続と裁判員制度

　公判前整理手続は、裁判官が、第1回公判期日前に事件の事実関係や証拠を整理して裁判の準備を行う手続です。この手続は、審議会意見書が刑事裁判に国民参加の制度の提言をしたこととの関連で導入されました。そこでは、争点と証拠を整理し立証計画を立てるための手続が設けられています（刑訴316条の13）。この手続は、事実・証拠関係が複雑な事件である場合など、公判の審理を継続的・計画的かつ迅速に行う必要があるときに（同316条の2、3）、また、裁判員制度対象事件では必要的に実施されます（裁判員49条）。

　この手続が導入されたのは、予め事実と証拠関係を整理し、公判における争点と取調べ予定証拠を明らかにして計画性のある充実した審理を実現するためです。特に裁判員制度との関係では、一般国民から制度への理解と協力を得るために、公判への準備を十分に行って迅速な審理を実現して裁判員の時間的負担の軽減をはかることにあります。しかし、より本質的な導入理由は、裁判員制度では、裁判員が法廷で証拠に接して当事者の具体的主張を聞いて理解した上で判断する、つまり、法廷で見て、聞いて、わかる裁判を実現することが求められているので、明確な立証計画によって争点を中心としてメリハリの効いた審理を行って、わかりやすい裁判を目指す必要があることにあります。つまり、一般国民から選ばれた裁判員に対する関係で、事前に争点とそれを判断する証拠を整理してわかりやすい公判審理を実現する必要があることも導入理由となっています。

　このわかりやすい公判審理の実現ということは、一般国民が刑事裁判に参加する制度を導入する際に共通して考慮しておくべき問題です。例えば、大正12（1923）年に制定された陪審法35条は、「陪審の評議に付すべき事件について裁判長は公判準備期日を定むべし」とし、また、同法37条では、「公判準備期日において裁判所は必要な証拠調べの決定をなすべし」と規定して、陪審裁判では公判準備手続の実施を必要的としていました。その

趣旨は、裁判員法49条と共通するものと言えるでしょう。

- **もっと知りたい方へ**
- 丸田隆『裁判員制度』（平凡社、2004）
- 『我が国で行われた陪審裁判――昭和初期における陪審法の運用について』（最高裁判所事務総局、1995）

B 裁判員制度の概要
[1] 対象事件

裁判員制度の対象事件は、①法定刑が死刑または無期の懲役もしくは禁錮に当たる罪に係る事件と②裁判所法26条2項2号のいわゆる法定合議事件のうち、故意の犯罪行為により被害者を死亡させた罪に係る事件である（裁判員2条1項）。これは、制度導入の目的が、司法に対する国民の理解の増進と信頼の向上にあることから、国民の関心が高く社会的にも影響の大きい重大事件を対象としたものである。ただし、該当事件であっても、裁判員やその親族などの生命・身体・財産に危害が加えられるおそれが具体的にある場合には、裁判員の過大な負担を避けるため対象事件から除外されている（同3条）。

[2] 裁判員裁判の構成

裁判員が加わる合議体（裁判体）は原則として裁判官3名、裁判員6名で構成される（2条2項本文）。これは、裁判員制度の対象となる重罪事件について通常手続では法定合議事件として裁判官3人が合議体を構成していることとの均衡、裁判員が意見を述べやすく、かつ、充実した合議を維持するという観点を考慮するものである。ただし、公判前整理手続において公訴事実に争いがなく、事件の内容その他の事情を考慮して適当と認められ、当事者に異議がない事件では、例外的に、裁判官1人、裁判員4人で構成される合議体で取扱うことができる（2条2項ただし書）。

[3] 裁判員および裁判官の権限と評決

裁判員裁判の対象事件では、裁判官と裁判員が同一の権限をもって、①

事実の認定、②法令の適用、③刑の量定を合議によって行う（6条1項3号）。この場合の評決は、裁判官および裁判員の双方の意見を含む合議体の過半数により決せられ（67条1項）、裁判官または裁判員のみによる多数によって被告人に不利益な判断をすることができない。これは、裁判員が事実認定だけでなく、法令の適用や刑の量定についても裁判官と同じ権限をもつ点で、また、評決に際して、裁判官および裁判員双方の意見を含む合議体の過半数によることが条件となっていることから、構成員相互の間で徹底した議論をなすことによって審理・評決を協働して行うとことになる点で、裁判員制度に参審制度としての性格を含ませるものである。これに対して、法律的・専門的な判断を含み迅速な決定を要する、①法令解釈、②訴訟手続に関する判断、③その他裁判員に関与する判断以外の判断については、裁判官のみの合議による（6条2項3号・7条）とされている。

[4] 裁判員の選任

裁判員は、衆議院議員の選挙権を有する者から無作為抽出により選ばれた候補者の中から選任される（13条）。この選任手続は、無作為抽出を基礎とするので、積極的に裁判員適任者を選ぶというよりは、むしろ裁判員不適任者を除いて裁判員を選定することに重点を置くものである。この候補者のうち、①欠格事由のある者（14条）：義務教育未終了者、禁錮以上の刑に処せられた者など、②就職禁止事由のある者（15条）：立法権または行政権の行使に関わる者、法律の専門家など、③事件に関連し不適格事由のある者（17条）：裁判の公正を害するおそれのある客観的類型化で、被告人または被害者の親族・親族であった者など、④その他の不適格事由がある者（18条）、③以外の非類型的事情によって裁判所が不公平な裁判をすると認めた者は、除外される。また、国民の負担をできるだけ軽減する必要があることから裁判員となること辞退する申立てを行える場合もある（16条）。

裁判員法は、選挙管理委員会におけるくじによる選定を経た名簿の作成、裁判所による裁判員候補者名簿の調製、候補者の呼び出し、選任手続期日で質問を実施した上での欠格事由、就職禁止事由、不適格事由に該当する者に対する不選任決定や、辞退事由該当者に対する不選任決定、更には検察官および被告人による一定数の裁判員候補者に対する理由を示さない不

選任請求とそれについての不選任決定を行うことによって、裁判員および補充裁判員を選任するという選任手続を定めている（20条～39条）。これと同様に、わが国では、大正時代に英米法を参考にして導入された陪審制度でも陪審員候補者を無作為の抽出を基礎に選任する手続が定められていた（陪審法12条～33条）。諸外国の例をみると、アメリカの多くの州では、「選挙人登録者名簿」を利用して、無作為に選ばれた一定の地域の住民を陪審員候補者として呼出し、その中から陪審員を選出し、その際に訴訟の当事者が理由を示さずに一定数の陪審員候補者の不選任を請求できる専断的忌避の制度を採用している。したがって、裁判員法の裁判員選任手続には、英米法の陪審制度に特有の手続が含まれていると言えよう。

C 裁判員制度の課題

　裁判員制度の実施から約4年が経過したが、その実施状況については、公判前整理手続を十分に実施した上で審理が進められ、裁判員が関与する公判審理の期間は大半が3日から5日であり連日開廷によって集中審理が実現され[7]、また、検察官、弁護人の具体的主張を明らかにする工夫と、裁判官による評議の際の審理内容の十分な理解を裁判員に促すための説明の工夫などを通して、おおむね裁判員にとってわかりやすい裁判が実現されている[8]ことが明らかとなっている。

　しかし、裁判員制度には、なお多くの検討課題があり、例えば、一般の国民の中から選ばれた裁判員の参加する裁判体が下した判決を裁判官のみの構成による裁判体で破棄できるかという観点から、裁判員裁判と控訴審の審理のあり方をどのように理解すべきかが問題となっている。最高裁は、この点に関連して、「刑訴法は控訴審の性格を原則として事後審としており、……控訴審における事実誤認の審理は、第1審判決が行った証拠の信用性評価や証拠の総合判断が論理則、経験則等に照らして不合理といえるかという観点から行うべきものであって、……このことは、裁判員制度の導入を契機として、第1審において直接主義・口頭主義が徹底された状況において、より強く妥当する」（最判平成24・2・13刑集66-4-482）として、事実誤認についての控訴審の判断方法は、第1審を尊重する論理則・経験則違反という基準によるとしている。この判断は、必ずしも第1審が裁判員裁判

であることを前提とするものではないが、事後審性を強調した判断は裁判員裁判の判断の尊重にもつながると言えよう。

注)
1) 椎橋隆幸『刑事訴訟法の理論的展開』（信山社、2010）92 以下
2) 最高裁判所事務総局刑事局監修『検察審査会 50 年史』（法曹会、1998）13 以下、田宮裕『日本の刑事訴追』（有斐閣、1998）186
3) 田宮・前掲注 2) 186
4) 三井誠『刑事手続法 II』（有斐閣、2003）44、鯰越溢弘「検察審査会の機能」松尾浩也ほか編『刑事訴訟法の争点（新版）』（有斐閣、1991）119 参照
5) 篠倉満「検察審査会」熊谷弘ほか編『公判法大系 I 公訴』（日本評論社、1974）320
6) 三井・前掲注 4) 50
7) ジュリスト「特集　裁判員制度 3 年の軌跡と展望：座談会、裁判員裁判の現状と課題」論究ジュリスト 2012 年夏号 6 以下参照
8) 前掲注 7) 同特集 28 以下参照

知識を確認しよう

【問題】
(1) 検察審査会法が、検察官の不起訴処分の当否に関する審理を充実させるために採用している手続を説明しなさい。
(2) 裁判員制度の性格と審理手続の特徴について説明しなさい。

【解答への手がかり】
(1) 検察審査会では、起訴すべき旨の議決をする際には、検察官の出席を義務づけていること（検審 41 条の 6 第 2 項）、二段階の審査手続を定めていること（39 条の 5・41 条の 2）、審査補助員の制度を導入したこと（39 条の 2・41 条の 4）などを踏まえて考えてみよう。
(2) 裁判員法の条文（裁判員 6 条、67 条 1 項等）を手がかりにして、裁判員制度が国民参加型の裁判のモデルである陪審制度と参審制度のいずに近い性質を有するかを考えてみよう。

第Ⅲ部

国民がなすべきこと

第9章　更生に役立つ刑罰とは

第10章　われわれは犯罪者を受け入れよう

第11章　われわれが果たすべき責任とは何か

第9章 更生に役立つ刑罰とは

本章のポイント

1. 同じ犯罪行為を犯しても、成人と少年とで、その刑事制裁が異なることに注意しよう。成人の場合は刑罰であるが、少年の場合は保護処分が原則である。前者は過去の犯罪行為と釣り合いのとれたものでなければならないが、後者は少年の将来の改善更生を直接的に目指すものである。
2. 刑罰制度の支柱は犯罪者を刑務所に収容しその自由を剥奪する懲役刑と禁錮刑である。保護処分のそれは少年院送致である。刑務所と少年院の現状と問題点をおさえよう。
3. 刑務所においても少年院においても、再びそれぞれの施設に戻ってしまう者がいる。それはなぜなのだろうか。犯罪者の「更生」という目から考えてみたい。

1 罪を犯した者に対する刑事制裁

A 民事責任と刑事責任

甲が乙を殺害したと仮定しよう。法は、加害者である甲に対し、主に2つの責任をとるよう命じる。1つは、民事責任である。原則的に、他者に与えた実害を金銭に見積もり、その被害額を加害者に支払わせる。この例の場合、甲には不法行為責任（民709条）が問われ、乙の遺族に損害を賠償しなければならない。

しかし、これだけでは事件は法的に解決したとはいえない。甲は乙を殺害するという行為に出ている。そこでもう1つの法的責任、刑事責任が甲に問われることになる。甲の行為は殺人罪に該当し、その法定刑の中から、甲に対し一定の刑が科される。

B わが国の刑罰制度、および刑罰法規

わが国の刑法は刑罰として次のものを用意している（刑9条）。すなわち、死刑、懲役、禁錮、罰金、拘留、科料、没収である。このうち、没収以外は主刑とされ、犯罪に対する刑罰（法定刑）として使われるだけでなく、犯罪者に対し科される刑罰として用いられる。これに対し、没収とは、犯罪に関係する物を剥奪する刑（刑19条）であるが、法定刑として設定されることはない。犯罪の具体的内容に応じて、裁判官の裁量により主刑に付け加えられる（付加刑）。以下、「刑罰」というときは、付加刑を除いたものとして用いる。

死刑とは犯罪者の生命を奪う刑罰（生命刑）であり、絞首により執行される（刑11条）。懲役と禁錮は犯罪者を刑事施設に収容することにより、犯罪者の自由を奪う刑罰（自由刑）である。ただし、懲役は犯罪者に刑務作業を行わせるのに対し、禁錮は刑事施設に収容されるのみであり、受刑者の申出により刑務作業に携わることが許される（刑事収容93条）。期間は無期と有期の2つがある（刑12条、13条）。拘留も自由刑の1つであるが、収容される期間は30日未満と極めて短い（16条）。罰金（刑15条）および科料（17条）は犯罪者の財産を奪う刑罰である（財産刑）。両者の違いは額の多寡に

あるだけでなく、資格制限などを伴うか否かも関係する。なお、罰金や科料を犯罪者が支払うことができないときは、労役場に留置される（18条）。

　立法者（国会や地方議会）は、日常生活行為の中から犯罪とするべき行為を拾い上げこれを犯罪とし、それに見合う法定刑を以上の刑罰から様々な考慮を経て設定する。そして、この刑罰法規に違反した者で、かつ、検察官により刑事裁判にかけられた者に対して、刑事責任が問われることになる。

C　刑法と少年法──過去に対する責任と将来の人生

　犯罪に対処する主たる法律は、刑法と少年法である。刑法は刑罰を、少年法は保護処分を準備している。本章は刑務所と少年院という施設内処遇の代表格を中心に取り上げていくが、その前に、そもそも犯罪者に対する刑罰や保護処分がどのように決まるのか、大まかに確認したい。

　刑法においては、過去に犯した罪に見合う刑罰の幅が見いだされる。そこでは行為時点における行為の違法性・責任が基本となる。このように、刑法において問われるのは、過去の行為に対する刑事責任であって、再犯予防という将来的観点はあくまでも従である。

　これに対して、少年法は、罪を犯した少年が将来更生するためにはいかなる処分が妥当か、が重視される。たとえば、ある18歳の少年が強盗強姦罪を犯したとしても、更生の観点から、刑罰を受ける可能性のある検察官送致は妥当でなく、むしろ、保護処分、すなわち、中等少年院で再教育されるべきである、といった議論が行われる。

　それでは、施設内において犯罪者はどのような処遇を受けるのだろうか。

2　刑務所

A　概要

　刑務所とは、懲役や禁錮、拘留に服する受刑者、および罰金や科料が支払えず労役場留置になった者が収容される施設である。刑務所に収容される受刑者は男性と女性とで分けられており、女性受刑者を収容する施設は

全国に8か所ある。平成23年末現在、61,102人の懲役・禁錮・拘留受刑者が収容されている[1]。平成23年に新たに刑務所に入所したのは25,499人（男性23,273人、女性2,226人）である[2]。そのうち、60歳以上の者の割合は、男性が15.7%、女性が19.4%である。罪名のトップ3は、男性が窃盗、覚せい剤取締法、詐欺、女性が覚せい剤取締法、窃盗、詐欺である[3]。

　刑務所は従来国家が運営するものと考えられていた。しかし、犯罪の増加に伴い、既存の施設に受刑者が過剰に収容される状態が続いた。かといって、折からの財政難により新しい施設を国費で建設することが難しくなった。そこで民間の力（PFI）[4]を活用することになり、「民間資金等の活用による公共施設等の整備等の促進に関する法律」が平成11年に制定され、民間組織が全国4か所の刑務所（美祢社会復帰促進センター〔山口県美祢市〕、喜連川社会復帰促進センター〔栃木県さくら市〕、播磨社会復帰促進センター〔兵庫県加古川市〕、島根あさひ社会復帰促進センター〔島根県浜田市〕）の運営に関わっている。

B 受刑者処遇の原則

　受刑者処遇の原則は、受刑者の「資質及び環境に応じ、その自覚に訴え、改善更生の意欲の喚起及び社会生活に適応する能力の育成を図ることを旨として行うものとする」（刑事収容施設及び被収容者等の処遇に関する法律〔以下、刑事収容〕30条）と定められている。受刑者1人ひとりに応じたオーダーメイドな処遇を実施することはおそらく難しいが、可能な限り受刑者本人の特性を把握しながら問題の解決を図り、受刑者を社会へ再び復帰させることを目標としている。

　入所した受刑者は、最初に処遇調査を受け、本人の資質や環境の調査が行われる。その結果、受刑者の属性や犯罪傾向が分類され、本人に相応しい処遇は何かが決められる（処遇指標の作成）（表10-1参照）。そして、矯正処遇の目標や内容、方法などが処遇要領としてまとめられ、この線に沿って、本人にふさわしい処遇が実施される。

　作業としては、社会復帰を想定した職業訓練があるほか、外部からの委託に応じ労務を提供する作業、刑務所の自給自足に携わる作業（炊事洗濯など）がある。労務を提供する作業にはCAPIC（矯正協会刑務作業協力事業）が関わり、外部からの作業を受注するだけでなく、刑務作業品を社会へ販売

する活動を行っている。作業収入は全額国庫に帰属し平成23年は約45億円であった。そして、受刑者には作業報奨金が与えられる。1人あたり1か月平均4,723円である[5]。受刑者の労働意欲を喚起し、出所時に必要な

表10-1 処遇指標の区分・符号 (犯罪白書平成24年版より)

①矯正処遇の種類および内容

種類	内　　　容		符号
作業	一般作業		V0
	職業訓練		V1
改善指導	一般改善指導		R0
	特別改善指導	薬物依存離脱指導	R1
		暴力団離脱指導	R2
		性犯罪再犯防止指導	R3
		被害者の視点を取り入れた教育	R4
		交通安全指導	R5
		就労支援指導	R6
教科指導	補習教科指導		E1
	特別教科指導		E2

②受刑者の属性および犯罪傾向の進度

属性および犯罪傾向の進度	符号	人員
拘留受刑者	D	―
少年院への収容を必要とする16歳未満の少年	Jt	―
精神上の疾病または障害を有するため医療を主として行う刑事施設等に収容する必要があると認められる者	M	347
身体上の疾病または障害を有するため医療を行う刑事施設等に収容する必要があると認められる者	P	373
女子	W	4,084
日本人と異なる処遇を必要とする外国人	F	2,183
禁錮受刑者	I	196
少年院への収容を必要としない少年	J	13
執行刑期が10年以上である者	L	5,045
可塑性に期待した矯正処遇を重点的に行うことが相当と認められる26歳未満の成人	Y	2,395
犯罪傾向が進んでいない者	A	13,914
犯罪傾向が進んでいる者	B	27,807

費用を蓄えておくためにも、この額は引き上げられてよいと思われる。なお、懲役刑受刑者には刑務作業が義務づけられているが（刑12条2項）、禁錮刑受刑者や拘留受刑者は本人が希望すれば同作業に携わることができる。作業に参加している禁錮刑受刑者の割合は 86% である[6]。

　矯正指導としてとくに重要なのは、改善指導である。一般改善指導と特別改善指導がある。一般改善指導では、自己の犯した犯罪が被害者にどんな影響を与えたのかを考えさせ贖罪の意識を喚起させ、正しい生活態度を身につけ、将来の生活設計をどうしたらよいのか、を考えさせる。特別改善指導はとくに改善が必要な犯罪者に対して設けられている。薬物依存離脱指導や暴力団離脱指導、性犯罪再犯防止指導、などがある。

　受刑者の改善更生にあたるのは、法務教官と心理矯正技官、刑務官である。法務教官および心理矯正技官は、受刑者の改善更生に深く関わるが、心理矯正技官は心理学の知見を主として生かす職であり、刑務官は刑務所内の秩序維持にもあたる。

　さらに、篤志面接委員や教誨師が受刑者の更生に民間の立場から関わる。篤志面接委員とは刑事施設からの依頼を受け受刑者と面会し助言指導する人のことをいう。平成23年末現在、篤志面接委員は1,175人おり、面接回数は14,279回であった。趣味・教養の指導、家庭や法律、職業、宗教、保護に関する相談、悩み事相談などが行われている。教誨師とは、仏教や神道、キリスト教など、民間の宗教家であり、受刑者の希望に応じて、その精神的救済のために講話を行ったり、相談を受けたりしている。教誨師は平成23年末現在、1,692人いる[7]。

C　外出・外泊および外部通勤作業

　刑事収容施設法では、受刑者の外出外泊が規定されている。また、運用でなされてきた外部通勤作業も新たに作業の1つとして同法に規定されている。

　外出・外泊は、受刑者の円滑な社会復帰を図るため、釈放後の生活のために、あるいは、更生保護に関係する者を訪問するために、その他社会生活に有用な体験をする必要があると認めるとき、刑事施設の長は7日以内の期間、刑事職員の同行なしに、外出・外泊を許可することができる。仮

釈放を許すことができる期間を経過した懲役・禁錮受刑者のうち、改善更生の見込みが高いため開放的処遇がなされている者のみが対象である（刑事収容106条1項）。同法が施行されてから平成24年5月末までの間、外出は31件、外泊は4件あった[8]。

外部通勤作業とは、刑事施設外の事業所に通勤させて作業を行わせることである。これも、受刑者の円滑な社会復帰を図るために、刑事施設の長が受刑者にこれを許可することができる。ここでも対象となる受刑者は、改善更生の見込みが高く、開放的処遇を受けている受刑者である（刑事収容96条1項）。平成24年5月末日現在、4つの施設、10名の実績がある[9]。

D 刑務所が抱える問題

最後に、刑務所が抱えている問題に触れることにする。キーワードは、過剰収容、仮釈放率の減少と満期出所率の増加、である。

過剰収容とは刑務所の定員を超えて受刑者が収容されている状況を指す。わが国の犯罪情勢を見ると、平成15年あたりをピークに犯罪の認知件数は350万件を超え、戦後最悪の情勢が続いていた。これに伴い、刑務所に収容される受刑者も増加し、平成18年には8万人に迫るに至った。平成14年から平成18年の間、収容率は100%を上回る状況が続いた[10]。過剰収容の状態は受刑者の更生のためには好ましいものではない。法務教官や矯正心理技官、刑務官にとって負担となり、受刑者に対する働きかけが奏功しなくなるおそれが生じる。また、受刑者同士の間で悪風感染的な風潮が強まる懸念もある。その結果、受刑者の社会復帰がうまく進まない状況が生まれてしまう。

仮釈放率の減少と満期出所者の増加も、過剰収容と無関係とはいえない。仮釈放とは、懲役または禁錮刑に処せられた者に改悛の情があるときには、有期刑についてはその刑期の3分の1を、無期刑については10年を経過した後、地方更生保護委員会が審査し、受刑者の仮出所を認める仕組みのことをいう（刑28条）。戦後、仮釈放者の数が満期出所者の数を上回っていたが、近年は仮釈放者が減少し、満期出所者とほぼ互角となっている（平成23年の仮釈放率は51.2%[11]）。その原因として、仮釈放に関し被害者の意向が反映されるようになったことも挙げられる。

このことがなぜ問題なのかというと、再犯予防との絡みが出てくるからである。まず、刑務所へ再入所する人の率（再入者率）は6割に迫る。平成23年においては、刑務所への再入者率は全体で57.4%であった。そして長い目で見ると、10年前に出所した人の再入者率は満期釈放者62.5%、仮釈放者が40.7%となっている[12]。満期釈放者の再入者率は極めて高い。仮釈放者は出所後、保護観察に付される（更生40条）ため、満期釈放者よりも再入率が低めになっているといわれる。こうした支えのない満期出所者が円滑に社会へ復帰することができるようにどうしたらよいかが課題である。

3　少年院・少年刑務所

A　概要

　20歳未満の者が刑罰法規に触れる行為を行った場合、その者に対しては少年法が適用される。少年法は、「少年の健全な育成を期し、非行のある少年に対して性格の矯正及び環境の調整に関する保護処分を行う」（少1条）を基本としている。少年の改善更生を主たる目的とする点で、過去の犯罪行為に見合う刑罰を科すことを原則とする刑法と、大きく異なる。家庭裁判所は審判を行うため必要があるときには、観護措置をとることができる。それは、①家庭裁判所調査官の観護に付する、あるいは、②少年鑑別所に送致することであり、いずれも少年の人格や性格、心理状態、人間関係が調査される。このような仕組みは、刑法にはない。もちろん少年も刑罰が科される可能性はある（少20条）が、その場合も、成人とは異なる扱いがなされている（51条以下）。保護処分とは、①保護観察所の保護観察に付されること、②児童自立支援施設に送致されること、③少年院に送致されること、である（24条1項）。ここでは、少年院について触れるとともに、少年に対する刑罰を執行している少年刑務所についても取り上げる。

B　少年院における処遇の内容

　少年院には4つの種類がある。まず、少年の心身に著しい故障がある少

年を対象とした医療少年院がある。その故障がない少年を対象としているのが、初等少年院（おおむね12歳以上16歳未満）、中等少年院（おおむね16歳以上20歳未満）、特別少年院、である。特別少年院には、犯罪傾向のある、おおむね16歳以上23歳未満の少年が収容される。

　少年院では、少年の特質に応じ、①一般短期処遇（収容期間は原則6月以内）、②特修短期処遇（同4月以内）、③長期処遇（同原則2年以内）、が実施されている。一般短期処遇は、早期改善の可能性が大きいため、短期間の継続的、集中的な指導と訓練により、矯正と社会復帰を期待できる者を対象とし、その中でも、犯罪傾向が進んでおらず開放処遇に適する者は特修短期処遇を受ける。短期処遇になじまない者に対しては長期処遇がなされる。平成23年現在、各処遇を受けている少年は、一般短期処遇は911人、特修短期処遇は44人、長期処遇は2,531人、である[13]。送致するべき少年院は家庭裁判所が指定する。その際、処遇の内容についても、短期処遇がふさわしい場合は、その勧告も行う。各処遇を受ける少年は、さらに、犯罪的傾向、学力の程度、将来の進路希望、心身の状況などが調査され、それぞれに相応しい処遇課程が決められる（**表10-2を参照**）。

　少年の改善更生のため、刑務所と同様に、外部の人たちが少年と関わりをもっている。篤志面接委員や教誨師などが中心だが、ここでは日本BBS連盟（Big Brothers and Sisters Movement of Japan. http://bbs-japan.org）の活動を取り上げる。BBSは「少年少女たちに、同世代のいわば兄や姉のような存在として、一緒に悩み、一緒に学び、一緒に楽しむボランティア活動」であり、おおむね18歳から30歳の会員が少年少女と関わる活動を展開している。少年院にも定期的に訪問し、院の定期行事やレクリエーションに参加している。

C　少年刑務所

　更生を基本とする少年法は、過去に犯した犯罪行為に見合う刑罰を科すべき事案が存在することも予定している。すなわち、家庭裁判所は、①死刑、懲役、または禁錮にあたる罪の事件について、調査の結果、その罪質および情状に照らして刑事処分を相当と認めるときは、決定をもって、検察官に送致しなければならず（少20条1項）、②故意の犯罪行為により被害

表10-2　少年院入院者の人員（処遇課程等別——平成23年）（犯罪白書平成24年版より）

処遇区分	処遇課程	処遇課程の細分	対象者	人員
一般短期処遇	短期教科教育課程（SE）	—	義務教育課程の履修を必要とする者または高等学校教育を必要とし，それを受ける意欲が認められる者	161 (4.6)
	短期生活訓練課程（SG）	—	社会生活に適応するための能力を向上させ，生活設計を具体化させるための指導を必要とする者	750 (21.5)
特修短期処遇（O）	—	—	一般短期処遇の対象者に該当する者であって，非行の傾向がより進んでおらず，かつ，開放処遇に適するもの	44 (1.3)
長期処遇	生活関連課程	G_1	著しい性格の偏りがあり，反社会的な行動傾向が顕著であるため，治療的な指導および心身の訓練を特に必要とする者	310 (8.9)
		G_2	外国人で，日本人と異なる処遇を必要とする者	8 (0.2)
		G_3	非行の重大性等により，少年の持つ問題性が極めて複雑・深刻であるため，その矯正と社会復帰を図る上で特別の処遇を必要とする者	2 (0.1)
	職業能力開発課程	V_1	職業能力開発促進法等に定める職業訓練（10か月以上）の履修を必要とする者	108 (3.1)
		V_2	職業能力開発促進法等に定める職業訓練（10か月未満）の履修を必要とする者，または職業上の意識，知識，技能等を高める職業指導を必要とする者	1,498 (43.0)
	教科教育課程	E_1	義務教育課程の履修を必要とする者のうち，12歳に達した日以後の最初の3月31日が終了したもの	306 (8.8)
		E_2	高等学校教育を必要とし，それを受ける意欲が認められる者	5 (0.1)
		E_3	高等教育課程の履修を必要とする者のうち，12歳に達する日以後の最初の3月31日までの間にあるもの	—
	特殊教育課程	H_1	知的障害者であって専門的医療措置を必要とする心身に著しい故障のないものおよび知的障害者に対する処遇に準じた処遇を必要とする者	121 (3.5)
		H_2	情緒的未成熟等により非社会的な形の社会的不適応が著しいため専門的な治療教育を必要とする者	96 (2.8)
	医療措置課程	P_1	身体疾患者	20 (0.6)
		P_2	肢体不自由等の身体障害のある者	—
		M_1	精神病者および精神病の疑いのある者	52 (1.5)
		M_2	精神病質者および精神病質の疑いのある者	5 (0.1)

注1　矯正統計年報による。
　2　人員の欄の（　）内は，構成比である。

者を死亡させた罪の事件であって、その罪を犯すとき16歳以上の少年であった者についても、原則として検察官に送致される（同条2項）。

少年に対する刑は成人の場合と異なり、少年の改善更生面が考慮に入れられ、寛刑化される。犯罪行為時において18歳に満たない者に対しては、①死刑をもって処断すべき時は無期刑を科し（少51条1項）、②無期刑を科すべき時は、10年以上15年以下の範囲内で、有期の懲役または禁錮を科すことができる（同条2項）。さらに、③3年以上の有期の懲役または禁錮刑に処すべき時は、短期は5年、長期は10年を超えない範囲内で、不定期刑を科す（少52条1項・2項）。

こうした少年が収容されるのが少年刑務所である。平成23年現在における少年受刑者は49名である[14]。少年の特質を考慮して、処遇においては、成人から少年を分離するだけでなく、とくに教科指導や職業訓練に重点を置くなど、少年の改善更生が強く意識されている。また、個別担任制をとるなど、少年の発達を細かく支援する体制が整えられている。

D 問題点

少年法が非行少年の健全育成を目指す1つの理由として、少年には可塑性があることが挙げられている。粘土をこねて作る塑像のように、少年は心身の発達が豊かで、いろいろな姿に成長しやすい。これを示す数字として、たとえば、再入院率の低さが挙げられる。出院後5年以内に少年院に再入院した者の率は、14.5〜16.4%である[15]。

ただし、近年、少年の再非行率が上昇傾向にあることが指摘されている。少年の一般刑法犯の検挙件数は全体的には減少傾向にある中、再非行少年の比率が高まっている（平成23年は32.7%）[16]。少年の支え手となる者の力が低下してきているのだろうか。

コラム　刑務所見学のすすめ

私は刑務所を参観が「好き」です。なぜかというと、刑事実体法（刑法総論や刑法各論など）で議論されていることと、刑罰が現実に執行されている刑務所が直面している問題との間に、どうもずれがあるからです。私の学

部時代のゼミの先生は、刑法を頭だけで考えるのではなく、刑法が現実化する現場を目で見て肌で感じることを大切にしていました。そのことの意義がようやく深くわかってきたように感じます。

　一昨年、ゼミ生と一緒にある刑務所を参観しました。そのときに、矯正心理技官の先生は、「再犯率の高さに対する批判が矯正職員に向けられるが、真の更生は、犯罪者本人が自覚的に罪を悔い改めて、出直そうという意思を持ち行動することにある。ところが、出所した受刑者を社会で支えようとする雰囲気はまるで感じられない」と話されていました。責任転嫁と受け取る人もいるかもしれませんが、この発言は再犯問題の真相を語っています。

　刑法総論では、刑法と道徳・宗教の分離が説かれます。たしかに、犯罪の成否や量刑の議論においては分離されるべきですが、刑務所では教誨師が受刑者の魂の問題と向きあっています。なぜ受刑者は神や仏の救済を求めるのでしょうか。刑法の授業ではこのことについて語られませんが、人間の本質を考える上で重要なことだと思います。

　犯罪者の更生のために、刑罰はどうあるべきなのか。そのことを考えるために、皆さんに2つのことをお勧めします。まず、ぜひ刑法のゼミに入り、刑務所を皆さんの目で見て欲しい（刑事収容12条）。もう1つは、刑務作業において製作された物品を購入してみて欲しい。その際、製品を作った受刑者のことを想像してみましょう。多くの人々が製品を購入することが受刑者の労働意欲を刺激し、それが更生につながると思うのです。

4　更生と刑罰

A　犯罪者の「更生」に対し懐疑的なこの時代

　ここで改めて考えなければならないのは、刑罰は何のためにあるのか、ということである。

　「更生」とは、広辞苑を引いてみると、「いきかえること。よみがえるこ

と。「甦生(そせい)」が第一番目の意味として出てくる。過去に罪を犯した者のよみがえりに刑罰は役に立たなければならないのか。おそらく、このような問題提起自体に違和感を覚える者もいるはずだ。他者に対して実害を加えた犯罪者は社会から放逐した方がよい。そんな声を耳にすることもある。とくに、90年代後半以降、被害者保護が強調されてきた。犯罪者の更生を強く説くことは、時代遅れのようにも聞こえるかもしれない。

しかし、気をつけなければならないのは、被害者の敵を討つために刑法が存在するわけではないということである。刑法は、私的制裁の法律ではなく、公的制裁の法律である。したがって、被害者だけでなく犯罪者にも寄り添いながら、私たちは、刑法はどうあらねばならぬかを日々考えていかねばならない。

B 刑罰目的論において「更生」はどう捉えられているか
[1] 応報刑論

応報刑論とは、過去に犯罪者が犯した罪に見合う刑罰を行為者に科すべきだ、とする考え方である。その狙いは過剰な報復を避ける点にある。応報刑論の説得力が今でもあるのはこの点にある。

しかし、応報刑論の弱点は、刑罰が犯罪者の将来に対してどのような影響を与えるかを看過している点にある。たしかに過去の犯罪行為に見合う刑罰だとしても、それが犯罪者をさらに傷つけ、意固地にさせ、自己の犯罪に対する反省のきっかけにもならないとすれば、その者は将来再び罪を犯しかねないであろう。

[2] 再犯予防論

そこで、犯罪者が再び罪を犯さないよう刑罰を用いるべきだとの論が登場する。これを特別予防論とよぶことが多いが、定義をはっきりさせるため再犯予防論とする。これは、過去に犯した犯罪行為よりも、犯罪者の将来・未来を重視する考え方といえる。そのためには、医学や心理学、社会学など、法学以外の人間科学の知見をもっと刑罰に生かすべきとされる。行刑の現場は、犯罪者の更生のためにどうしたらよいかという強い思いに今も支えられている。少年法の基本理念はまさしく非行少年の改善更生に

ある。その意味で、再び罪を犯さないようにするという思想は説得力がある。

　しかし、再犯予防論には3つの疑問がつきまとう。1つは、過剰な刑罰が科されはしないかという不安である。たとえば、1000円相当の食料を盗んだ犯罪者に対し、その人格や性格が広く調べられた結果、再び罪を犯さないよう長期間刑罰に服する必要があるとして、窃盗罪の法定刑の上限まで刑を科すことが許容されうる。しかし、行為とはあまりにも不釣り合いな刑であり、違和感を覚える。2つ目は、再犯予防を徹底的に追求すると、罪刑法定主義が再犯予防の最大の妨げであるという考えに至るのではないかという不安である。現に犯罪者の改善更生を強く説いた新派刑法学者・牧野英一は、罪刑法定主義は改善更生を妨げるものであり、むしろ犯罪者の人格や性格の改善更生にふさわしい刑罰制度を目指すべきだと主張した。しかし、そうなると、悪い部分は早めに治した方がよいということになるから、国家刑罰権は広範囲の人々を対象に早期に発動されるおそれが生じる。3つ目は、そもそも刑罰は再犯予防の効果を発揮していないのではないか、という疑問である。とくに刑務所においては、満期出所者の5割以上が再び刑務所に戻ってきている。再犯予防に対する懐疑論は、この数字を悲観的に捉えるところから生まれる。

5　刑罰は犯罪者の「更生」にどう役立つべきか

　この問いに対する私の考えは、まだ定まってはいない。しかしながら、現時点で確信しているのは、刑罰によって犯罪者をよみがえらせるという考え方は捨てるべきではないか、ということである。むしろ重要なのは、犯罪者自ら、主体的に、過去の生き方に向き合いそれを改め、新しい生き方に進んでいこうという意欲をもつこと、そして新しい人生のために犯罪者が新しい一歩を踏み出すことである。真の更生は犯罪者の心の中に芽生え、それが原動力にならなければならない。

　そうすると、第1に、犯罪者が過去に犯した罪と向き合うきっかけをも

つためには応報刑論的な発想はどうしても必要である。罪を犯したのにはそれなりの理由があるかもしれない。しかし、裁判の場を通じて、犯罪行為が社会的に許されないことなのだということを行為者に痛感させなければならない。痛みのない更生は無意味だと私は思う。

　第2に、刑罰の運用も、犯罪者の自主的更生を促すものにしなければならないと思う。その主たる役割を担う施設内処遇は極めて重要な役割を負っている。その際、秩序優先があまりにも行き過ぎると、それはかえって受刑者本人を受動的にしてしまう。むしろ、受刑者本人が誰かに・何かに必要とされているという意識を持たせることが大切のように思う。たとえば、刑務作業品に関心を持ち、それを購入する姿勢がもっと社会に広がれば、自分たちが社会に必要とされていることに気づき、それが受刑者の労働意欲を喚起すると思う。また、篤志面接委員や教誨師、BBSなど、外部の多くの人々が受刑者と関わりを持っているが、その裾野がもっと広がってもよい。

　第3に、被害者と犯罪者との関係である。えてして私たちは相手の非を一生恨んでしまうものである。犯罪は非の中でもその最たるものである。それゆえ、犯罪者と被害者との和解は極めて難しいかもしれない。しかし、更生のためには、法廷の場だけではなく、刑罰執行の場面においても、被害者に対する贖罪意識をしっかり持つために、何らかのかたちで受刑者と被害者とが対話する機会を設けることが必要ではないか。

　最後に、出所する者を受け入れる社会の姿勢である。再入者率約6割というこの数字をどう理解したらよいか。行刑の在り方を批判する人もいるかもしれない。しかし、人間である私たちは、おしなべて、まるで葦のように、弱くて折れやすいのが、本質なのではなかろうか。それゆえ、誰かのサポートが必要なのである。それでは、犯罪者を受け入れる社会の側に何ら問題はないのだろうか。刑務所を作ることに反対する運動の根底に、受刑者に対する差別意識はないかどうか。出所者を疎外し、さらに孤独に追い詰める風潮が社会全体に蔓延していないか。刑務所暮らしから日常の生活への橋渡しは十分にできているかどうか。どうも社会の側にも大いに反省すべき点があるように思う[17]。

注)

1) 法務総合研究所編『平成24年版 犯罪白書』57。以下の注において『犯罪白書』は上の書物を指す。
2) 前掲注1) 59   3) 前掲注1) 60
4) Private Finance Initiative の略で、公共施設等の建設、維持管理、運営などを民間の資金やノウハウを活用して行う手法、と定義づけられている。
5) 前掲注1) 64   6) 前掲注1) 63
7) 篤志面接委員・教誨師に関する数値は前掲注1) 67。
8) 前掲注1) 63   9) 前掲注1) 64   10) 前掲注1) 58   11) 前掲注1) 71
12) 前掲注1) 181以下   13) 前掲注1) 118
14) 前掲注1) 132   15) 前掲注1) 136   16) 前掲注1) 133
17) 仮釈放や再犯について考えさせられる小説として、吉村昭『仮釈放』(新潮文庫)がある。

知識を確認しよう

問題

(1) 犯罪者や非行少年が「更生」するとは、一体どのようなことなのだろうか。また、そのためにはどのような働きかけが必要か。
(2) 刑務所と少年院の違いはどのようなところにあるか。また、その違いは何に由来しているか。

解答への手がかり

(1) 過去と同じような過ちを繰り返す犯罪者や非行少年は少なくない。どうしたらその循環を断ち切れるか考えたい。そのために、刑罰や保護処分だけでなく、私たち社会は何ができるのか、考えを深めたい。
(2) 過去の犯罪行為に見合う刑罰はどのぐらいかが刑法では問われるが、少年法においては、将来どうすれば少年が改善され更生するかが問われる。この違いが、刑務所と少年院の運用にどう現れているか考えたい。

第10章 われわれは犯罪者を受け入れよう

本章のポイント

1. 一般社会から隔離されていると、いくら良い処遇・教育を受けていても、社会に戻ることに戸惑いや不安がある。その一方で、受け入れる私達もいきなり戻られることに不安がある。
2. 社会内処遇は、相互の不安を軽減させ社会に戻りやすい環境を整えるために実施されるもので、その中核になる更生保護の内容を理解することが必要である。
3. 少年に対する保護観察処分は、社会内での処遇の方が目的を達成しやすいことから実施されているので、その内容を理解しよう。
4. その担い手である保護観察官や保護司の現状を理解しよう。
5. 罪を償った者を排斥するのではなく、私達の社会に受け入れるとき、私達はどう関わればよいのかを考える機会にしよう。

1 社会内処遇の意義

　私達が、日常生活を送っている社会内で、犯罪者（非行少年を含む）に自立的な生活を営ませ、その改善更生および社会復帰を目的として実施されている制度を社会内処遇という。

　この社会内処遇にも、halfway in と halfway out の 2 つがある。前者は、宣告猶予制度を採用している国で運用されているもので、プロベーション（Probation）と呼ばれており、わが国では、試験観察（少 25 条）と保護観察付執行猶予（刑 25 条の 2）がこれに該当する。後者は、矯正施設から期間満了を待たずして社会復帰を円滑に行うために実施されている仮釈放、仮退院に伴うものでパロール（Parole）と呼ばれている。

　一般的に、わが国で社会内処遇と呼ばれるものは、後者を指し、保護観察所において実施される保護観察（これには保護処分として実施される保護観察を含む）と更生緊急保護が中心となっているが（狭義の更生保護）、その他に、恩赦・時効・社会奉仕命令なども広義の更生保護として社会内処遇制度に含めることもできよう。

　更生保護の機能の充実強化を図ることを目的として、昭和 24 年に制定された犯罪者予防更生法と昭和 29 年に制定された執行猶予者保護観察法が整理・統合され、更生保護法が、平成 19 年 6 月 15 日に制定され、翌 20 年 6 月 1 日から施行され現在に至っている。

2 社会内処遇の担い手

A 社会内処遇の機関と担い手

　法務省保護局、中央更生保護審査会、全国 8 か所の地方更生保護委員会、全国 50 か所の保護観察所（北海道にあっては、札幌・函館・旭川・釧路の 4 か所）、3 つの支部、27 の駐在官事務所から成る。

B 社会内処遇（保護観察）の担い手

保護観察の実務は、主任官としての保護観察官と、これを補佐しながら実質的には保護観察対象者（以下、対象者という）と最低月2回（来訪・往訪）の面接等を通して指導・援助に当たる保護司、更生保護法人および民間協力組織によって行われている。

[1] 保護観察官

保護観察官は、地方更生保護委員会に104名、保護観察所に954名配置されている。その内、実働可能な保護観察官数は、保護観察所長等の管理職を除くと、約800人程度である。保護観察官1人当たり約55人（平成24年）の対象者を担当しており、地域によっては、70～90人を担当しているのが現状である。

実務は、処遇困難者を対象として主として大規模庁で実施されている直接処遇ケースを除くと、対象者の帰住先を担当する地区保護司会（平成24年4月1日現在、全国に886地区会がある）に所属する保護司が選任され、これに当たることになっている。

[2] 保護司

保護司は、無給で非常勤の国家公務員であるが、その定数は、保護司法により52,500人を超えないものとされているが、平成24年5月1日現在、47,968人で、近年減少傾向にあり、1人の保護司が担当する対象者は、平均1～2人である。

保護司の構成は、平成24年1月1日現在で、女子比は、25.9%で、この割合は増加傾向にある。平均年齢は、同日現在64.1歳と上昇傾向にある。60歳代が全体の52.8%を占め、49歳以下の占める割合は4.6%に過ぎない。ここでも、高齢化が進んでいる現状が見られる。職業別構成比で見ると、農林水産業の占める割合が減少し、定年退職者や主婦を含む無職の割合が増加傾向にある。

地域社会に根ざした活動をより効果的に実施するため、また保護観察処遇困難者の増加に対応するため、地域における保護司活動の拠点機能を有する更生保護サポートセンターが設置され、保護観察所から選任された企

画調整保護司[1]が常駐している。

> **コラム**　何故若い人が少ないのか、なり手が減っているのか
>
> 　何故保護司に若い人が少ないのでしょうか。保護司になるためには、保護司選考委員会で審査がなされます。選考委員会の構成メンバーは、保護観察所長・地方裁判所長・地方検察庁検事正・保護司会連合会会長・知事・学識経験者等13名です。選考には次の4つの条件があります。①人格および行動について、社会的信望を有すること、②職務の遂行に必要な熱意および時間的余裕を有すること、③生活が安定していること、④健康で活動力を有すること（保護司法3条）。この中に若い人に向かない条件があります。②と③です。若い人は職場でも家庭でも働き盛りで自由な時間があまりありません。年金等の収入の途も確保されていません。
>
> 　無論、責任の重さもなり手が少ない原因のひとつです。また、最近は、精神的な問題を抱えている対象者も増加しているため、熱意や時間の余裕だけでなく、専門的な知見が求められることもあって、なり手が減ってきているのです。
>
> **もっと知りたい方へ**
> 保護司の手記を読んでみましょう。
> - 佐保圭『どがんね──古賀常次郎詳伝〔第3版〕』（日経BPコンサルティング、2012）
> - 大沼えり子『君の笑顔に会いたくて──保護司ロージーが走る！』（ロングセラーズ、2008）

[3] 更生保護法人

　更生保護法人[2]は、更生保護事業法[3]に基づき、法務大臣の認可を受け、更生保護事業を営む民間団体で、更生保護施設を設置し、被保護者に対する宿泊所の提供、帰住の斡旋、金品の給貸与、生活の相談等を行っている。また、罪を犯した者の更生を助けることを目的とする事業に対する助成や連絡調整、これらの事業の啓発等も行っている。

　更生保護施設で行われている事業内容としては、主に保護観察所から委

託を受け、帰住先がなかったり、引受人がいない等の理由で直ちに自立することが難しい保護観察、または更生緊急保護の対象者を宿泊させ、食事を提供するほか、就職援助、生活指導等を行う施設であり、平成24年4月1日現在、全国に104施設があり、すべて民間の非営利団体によって運営されている。そのうち101施設は法務大臣の認可を受けて更生保護事業を営む更生保護法人によって運営されている。その他3施設は、社会福祉法人、NPO法人、社団法人によって運営されている。

平成23年に新たに更生保護施設に委託を開始した人員は6,852人であり、そのうち、仮釈放者は3,820人(55.8%)、刑の執行終了者は1,095人(16.0%)であった。

[4] 民間協力組織

更生保護女性会(平成22年現在、1,315地区会、会員数約18万5,000人)、BBS会(約500地区会、会員数約4,700人)および協力雇用主[4](約9,300の個人と法人)がある。

3 社会内処遇の実務

わが国における社会内処遇は、保護観察と更生緊急保護(狭義の社会内処遇)と試験観察であるが、図11-1は、その関係を示したものである。

A 仮釈放

収容期間の満了を待たずに、少年院、刑務所等から被収容者を一定の条件を付けて社会内に戻すことを仮釈放というが、その際、必要的な手続として実施されるのが、仮釈放の審査である。

[1] 仮釈放の手続

各刑事施設の長からの申請に基づき、地方更生保護委員会において面接・審査を実施し、保護観察の決定がなされ(更生16条)、対象者の帰住先

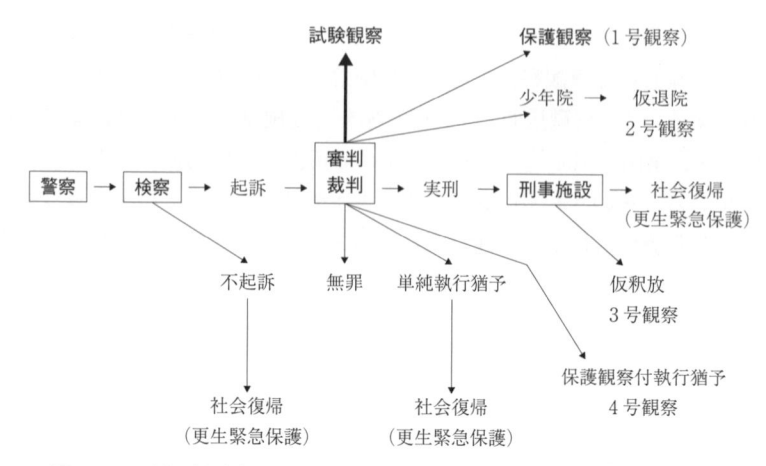

図11-1 刑事（少年）司法手続における更生緊急保護と保護観察との関係

を管轄する保護観察所において、担当保護観察官（主任官という）と担当保護司が選任され、協働して、対象者に即した個別処遇が実施される。

[2] 仮釈放の要件

　有期刑については、刑期の3分の1を、無期刑については10年を経過することが形式的要件であり（刑28条）、改悛の状があることが実質的要件となっている。

　仮出所の審査に重大な影響を与える項目に、生活環境の調整（以下、環境調整という）（更生82条）がある。帰住先の確保・就労（就学）先の確保、交遊関係の調整・被害者への謝罪（損害賠償を含む）・被害者（遺族を含む）の承認・地域社会の状況等が、環境調整の実施・評価項目である。この内、特に被害者の承認が重要な要素であり、たとえ消極的であっても承認が得られない場合には、施設内での処遇改善が進んでいたとしても、仮出所の許可が得られないことがある。環境調整を担当するのは、対象者の帰住先を所管する保護観察所の保護観察官と担当保護区の保護司である。

　矯正と保護の連携を強化し、積極的な仮釈放を推進し、社会内処遇＝保護観察の充実と強化を図るため、府中刑務所等の大規模庁には保護観察官が駐在しているが、駐在官制度の積極的運用を図ることが求められている。

B 保護観察

保護観察は、犯罪者や非行少年が、実社会の中でその健全な一員として更生するように、国の責任において指導監督および補導援護を行うもので、更生保護法1条にその目的が、2条1項において国の責務が、そして2条2項・3項において国民および地域社会の協力無くしてその目的が達成されないことが明記されている。

[1] 保護観察の種類と期間

家庭裁判所で保護処分として言い渡される保護観察（少24条1項1号）（1号観察という）、少年院からの仮退院に伴い実施される保護観察（更生42条）（2号観察という）、刑事施設からの仮釈放に伴い実施される保護観察（更生40条）（3号観察という）、裁判所で執行猶予付きの判決を言い渡された際に付けられる保護観察（刑25条の2）（4号観察という）、そして、婦人補導院[5]からの仮退院者に実施される保護観察（売春防止法26条）（5号観察という）、の5つがある。

(1) 1号観察

少年に対する保護処分としての保護観察は、家庭裁判所の処遇勧告を受けて実施されるが、長期と短期があり、短期には一般短期保護観察と交通短期保護観察があり、合わせて3つになる。

●**短期保護観察**　短期保護観察は、交通事件（危険運転致死傷、自動車運転過失致死傷等、交通関係4法令違反および道路運送法違反をいう）以外の非行により家庭裁判所で保護観察に付された少年のうち、非行性の進度がそれほど深くなく、短期間の保護観察によって改善更生が期待できる者を対象とし、平成6年から実施されている。

保護観察の実施期間は、おおむね6月以上7月以内である。生活習慣、学校生活、就労関係、家族関係、友人関係等の指導領域から、少年の改善更生にとって特に重要な指導領域を選び、その領域における問題点の改善を促すための課題を履行させることに重点を置いた処遇を行っている。

●**交通短期保護観察**　交通短期保護観察は、交通事件により家庭裁判所で保護観察に付された少年のうち、一般非行性がないか、または、その進度が深くなく、交通関係の非行性も固定化していない者を対象とし、昭和52

年から実施されている。

保護観察の実施期間は、原則として3月以上4月以内である。通常の処遇に代えて、安全運転等に関する集団処遇等を行っている。対象者が主体的に参加するプログラムを積極的に行うことが求められる。

● **一般（長期）保護観察**　短期および交通短期保護観察以外の保護観察を、一般保護観察ともいい、原則20歳の誕生日を迎えるまで実施される。

(2) 2号および3号観察

矯正施設からの仮出所のうち、少年院からの仮退院者については、原則20歳の誕生日を迎えるまでとなっており、刑事施設からの仮釈放者については、その刑期満了（以下、残刑期という）までの期間が保護観察期間となる。無期刑仮釈放者[6]の残刑期間は無期であるため、仮釈放後保護観察も無期となる。

(3) 4号観察

裁判所で、刑法25条の要件に該当した者が、1年以上5年未満の期間を執行猶予[7]とされ、初回については裁量的に、再度の執行猶予者には必要的に付されている（刑25条の2第1項）。平成19年から23年まで裁判所で執行猶予が付された者に占める保護観察付与率は、平均8.8％であった。

[2] 保護観察の方法

(1) **遵守事項**

保護観察は、すべての対象者に科される一般遵守事項（更生50条）と個々の対象者の改善更生のために特に必要と認められる範囲内において具体的に定められる特別遵守事項（更生51条）に従って、個別的な処遇が行われている。更生保護法52条と53条では特別遵守事項の変更や取消が規定されている。

対象者には、遵守事項の他に生活習慣や交遊関係の改善などを図るため、生活行動指針が定められており、指導の基準となっている（更生56条）。

(2) **分類処遇と類型別処遇**

処遇の実施方法としては、対象者の処遇困難性あるいは再犯可能性に着目し、保護観察処遇の密度を考慮して実施される分類処遇と、対象者の問題性に依拠して実施される類型別処遇が行われている。1・2号対象者と

3・4号対象者では類型項目に違いがあるが、後者については、暴力的犯罪を繰り返していた者で、シンナー等乱用・覚醒剤事犯・問題飲酒・暴力団関係・精神障害等・家庭内暴力のいずれかの類型に認定された者や極めて重大な暴力的犯罪を犯した者については、特定暴力対象者として段階別処遇（4段階）の上位に指定し、保護観察官が直接・頻繁に面接するなどの他、関係機関との連携の下で処遇を実施している。

(3) 処遇強化

また、ある種の犯罪的傾向を有する対象者には、その傾向の改善に向けた専門的処遇プログラムが実施されている。性犯罪者処遇プログラム、覚醒剤事犯者処遇プログラム、暴力防止プログラム、および飲酒運転防止プログラムの4種が現在実施されている。さらに、被害者を死亡させたり重大な傷害を負わせた対象者に対しては、贖罪指導プログラムによる処遇を実施し、被害者等の意向にも配慮して、誠実に慰謝等の措置に努めるように指導している。特別遵守事項に組み込み実施される場合もある。

長期仮釈放者や処遇困難者については、保護観察官の直接関与を強め、指導・援助する施策が行われている。また、保護観察による定期駐在制度も実施されている。

無期刑または長期刑の仮釈放者はについては、段階的に社会復帰させることが適当な場合があるため、本人の意向も踏まえ、必要に応じ、仮釈放後1か月間、更生保護施設で生活させて指導員による生活指導等を受けさせる中間処遇を行うことがあり、平成23年には95人に対して実施された（いわゆる、halfway out に該当するものである）。

(4) 就労支援

出所受刑者等の社会復帰には、就労による生活基盤の安定が重要な意味を持つため、平成18年度から、厚生労働省と連携し、出所受刑者等の就労の確保に向けて、刑務所出所者等総合的就労支援対策を実施している。その具体的内容として、保護観察対象者および更生緊急保護申出者ごとに保護観察所と公共職業安定所の職員による就労支援チームによって適切な支援の内容・方法を決め、公共職業安定所において職業相談・職業紹介を行っている。このほか、対象者に対するセミナー・事業所見学会や職場体験講習を実施するとともに、身元保証制度やトライアル雇用制度を活用した

支援を行っており、23年度には2,700人以上が就職している。
● **自立更生促進センター**　自立更生促進センターでは、仮釈放者を対象として、入所者個々の問題性に応じ、専門的処遇プログラムや生活指導、対人関係指導等を集中的に実施するなど、濃密な指導監督を行うとともに、協力雇用主やハローワークの協力を得て、充実した就労支援を実施している。

現在、福島県自立更生促進センター（福島保護観察所に併設、平成22年8月開所）および北九州自立更生促進センター（福岡保護観察所北九州支部に併設、平成21年6月開所）の2施設を設置・運用している。
● **就業支援センター**　就業支援センターでは、主として農業等の職業訓練を実施し、就農による自立を支援するとともに、保護観察官による生活指導や社会技能訓練等を実施している。

現在、少年院仮退院者等を対象とした沼田町就業支援センター（旭川保護観察所沼田駐在官事務所に併設、平成19年10月開所）および成人の仮釈放者等を対象とした茨城就業支援センター（水戸保護観察所ひたちなか駐在官事務所に併設、平成21年9月開所）の2施設を運用している。この施設は、定員12名で、収容期間は6か月～1年で、沼田町就農支援実習農場に委託して事業が展開されている。

[3] 保護観察対象者に対する措置

遵守事項を守り、社会の順良な一員として更生したと認められる場合には良好措置がとられ、インセンティブとしての役割を果たす。逆に遵守事項違反があった場合にはペナルティとして不良措置がとられる。

(1) 1号観察

1号観察には、良好措置として、良好停止や、期間満了の前に処分を終了する「解除」という措置が用意されている。良好停止や解除は、保護観察所長が決定する（更生69条）。一方、遵守事項違反については、保護観察所長による警告（更生67条1項）および保護観察所長の申請に基づく家庭裁判所によるさらに重い保護処分（児童自立支援施設もしくは児童養護施設送致または少年院送致）がある（更生67条2項）。さらに、虞犯事由があると認められる場合は保護観察所長は家庭裁判所に通告し、新たな保護処分を求めることができる（更生68条1項・3項）。この制度は、更生保護法の施行（平成20年

6月1日）後、運用されている。たとえば、平成23年中に警告がなされたのは172件、通告がなされたのは22件であった。

他方、環境の変化により、特別遵守事項の変更や取消が必要となった場合の措置が、更生保護法52条・53条によって規定され、保護観察の効果的な運用が図られるようになっている。変更および取消は、1号観察〜5号観察対象者すべてに適用がある。

(2) 2号観察

2号観察における良好措置は退院である。本退院ともいう。保護観察所長が地方更生保護委員会に申請し、地方更生保護委員会が決定する（更生74条）。不良措置は、遵守事項を遵守していないことを要件とする「戻し収容」である（更生71条・72条）。

(3) 3号観察

3号観察には良好措置はなく、不良措置のみが用意されている。不良措置は保護観察の停止、仮釈放の取消である。どちらも、保護観察所長が申請して、地方更生保護委員会が決定する。保護観察の停止は、3号観察対象者が、その所在を明らかにしないなどして、保護観察を行うことができない場合に実施され、刑期の進行をとめる（そのため、停止されている期間の分、刑期の終了日が後に延期する）効果がある。また、停止中の者と保護観察所との間に、保護観察関係がないと公的に宣言するものである。仮釈放の取消は、遵守事項違反の事実や新たな犯罪を理由として、仮釈放を取り消す（仮釈放が許された期間すべてについて、もう一度刑務所に入ってやりなおす）ものである。3号観察対象者は、有罪の確定判決で、刑の執行を受けた者であることから、不良措置は厳格に行われている。

無期刑仮釈放者については、刑の執行免除により残刑期を消滅させるか、有期刑への減刑によって確定した残刑期を満了させることにより、保護観察を終了させることができる。実務上は、刑の執行免除が多く利用されている。

(4) 4号観察

4号観察の良好措置は仮解除である。保護観察に付された身分や、執行猶予期間に変更はないが、保護観察を仮に解除するものである。保護観察所長が地方更生保護委員会に申請し、地方更生保護委員会が決定する。不

良措置は、刑の執行猶予取消である。保護観察所長は、検察官に申出をして、裁判所が決定をする。刑の執行猶予は、遵守事項違反だけでは足りず、その情状が重いと認められなければ取り消されない。

[4] 保護観察の課題

　保護観察の担い手については、質と量の両面から充実強化を図ることが、平成18年6月27日に「更生保護のあり方を考える有識者会議」(平成17年7月設置) が法務大臣に提出した報告書『更生保護制度改革の提言』を受け、保護観察官の増員を図っているが、必ずしも十分ではなく、直接担当制や重点観察制の拡大に繋げ、処遇の科学化・個別化を推進するためにも、一層の増員を図るべきである。また、保護司の専門性を高めるため、臨床心理士・精神科医・社会福祉士等の専門家を保護司に委嘱することや、保護司の高齢化を防ぐために30～40歳代の参加を得るについても無給かつ非常勤の国家公務員であることが背景となり、有為の人材を得られていない状況にある。

　また、平成17年4月1日に施行された犯罪被害者基本法を受け、環境調整の際の意見聴取 (更生38条)、対象者に対する心情・意見の伝達制度 (更生65条)、保護観察の開始から終了に至る期日やその間の処遇状況 (おおむね6か月ごと) 等に関する通知制度、指定保護観察官 (各観察所1名)・保護司 (2名) による犯罪被害者に対する相談・支援制度が整備され運用されているが、必ずしも十分ではない。

C　更生緊急保護
[1] 更生緊急保護の意義と目的

　更生緊急保護は刑事施設からの満期出所者、起訴猶予になった者、あるいは仮釈放期間を満了した者等を対象に行われる。保護観察による国の指導や援助はないが、これらの者の中には、釈放後身寄りがないため、再犯を犯すおそれのある者もいる。そこで、保護観察所ではこれらの人々に対し、本人の申出に基づいて、原則6か月の範囲内 (特に必要があると認められるときには、さらに6か月) で、就職の援助、宿泊場所や食事の供与、あるいは福祉機関への斡旋等の必要な援助を行っている (更生85条1項)。この措

置は、国の責任において実施されるものと規定されている（更生85条2項）。

[2] 措置の内容と更生保護事業

保護観察の期間中実施される応急の救護と原則として6か月の間実施される更生緊急保護の種類があり、措置の内容および平成23年中にとられた措置は、表11-1 の通りである。

表11-1　応急の救護等・更生緊急保護の措置の実施状況（平成23年）

対象者の種類	保護観察所で直接行う保護						更生保護施設等へ宿泊を伴う保護の要請	うち、他施設への委託※
	総数	宿泊	主な措置人員					
			食事給与	衣料給与	医療援助	旅費給与		
応急の救護等	6,209	8	592	549	16	465	5,712	159
3号観察	4,814	6	178	429	12	177	4,669	31
4号観察	800	2	205	56	3	161	536	52
1号観察	301		127	24		67	164	42
2号観察	294		82	40	1	60	343	34
更生緊急保護	14,004	27	1,207	880	19	1,261	4,944	365
刑の執行終了	7,511	17	583	351	12	652	2,994	187
刑の執行猶予	1,275	4	217	186	1	229	772	66
起訴猶予	1,413	1	260	224	3	252	721	81
罰金・科料	606	3	122	99	3	106	321	28
労役場出場・仮出場	183	2	24	20		21	96	2
少年院退院・仮退院期間満了	16		1			1	40	1

※自立準備ホーム等更生保護施設以外への委託
『平成24年版　犯罪白書』から引用

[3] 更生緊急保護事業の現状と問題点

更生緊急保護事業のうち、更生保護法人等に委託して行う委託保護・継続保護では、担い手の経営基盤が弱体であったこと、また事業の性格から近隣住民に迷惑施設と認識されたことなどがあって、経営困難に陥った施設もある。平成7年に更生保護事業法が制定され、現在では、更生保護法人として101施設が、その他に3施設が保護事業を展開しているが、現状では、保護のOBや矯正のOBが職員として補導・援助に当たっている。より一層の処遇の充実を図るためには、新たに専門性の高い職員を確保す

ることが求められる。また、国立更生保護施設の設置を真剣に考えるべきであろう。

4 試験観察

　社会内処遇とは性格を異にするものではあるが、その目的と効果および手続内容や条件等を実質面から見ると、広義の社会内処遇と見做すことができる制度といえるものに、家庭裁判所が中間決定として審判手続の過程で実施する試験観察がある[8]。

A 試験観察の目的と種類

　どのような保護処分を選択することが少年にとって望ましいかを慎重に選択するために、家庭裁判所が中間処分決定を行い、相当の期間、家庭裁判所調査官の観察に付し、少年の改善・構成の可能性を見極めるために実施されるのが、試験観察である（少25条）。家庭裁判所は、この観察と併せて、①遵守事項を定めてその履行を命ずること、②条件をつけて保護者に引き渡すこと（在宅試験観察という）、③適当な施設、団体または個人に補導を委託すること（補導委託試験観察という）、ができる（25条2項）。本来、保護処分を有効に決定するための制度であるが、観察期間中の少年の態度によっては、要保護性が消滅したとして不処分の決定（23条2項）がなされることも多い。また、試験観察に付された者の再非行率が、付されなかった者に比し約3分の1と少ないことは、処遇効果の点からすると重要な要素とも思われる。しかし、試験観察に付される割合は、近年減少傾向にあり、一般保護事件で見ると、この5年間の平均は3％に過ぎない。

　この内、補導委託試験観察の方法としては、少年をそれまでの住居に居住させながら学校長、保護司、児童委員などに補導を委託する場合と、少年の住居を施設、団体または個人の下に移動させ、補導を委託された者と起居を共にさせながら補導を行うことを委託する場合とがある。補導委託としては、後者が一般的である。

B 試験観察の処遇内容

　遵守事項には試験観察に付された少年に一般的に履行が求められ事項と、個別の少年の問題特性に依拠して具体的に履行が求められる特別遵守事項がある（少年審判規則40条2項）。具体的指示内容としては、保護観察の遵守事項を参照して指示されることが一般である。補導委託試験観察の場合は、委託先の責任者（処遇担当者）に対して、家庭裁判所（家庭裁判所調査官）から遵守事項について指示がなされ、定期的に処遇経過を勘案して条件の変更などがなされる。

C 試験観察の期間

　試験観察の期間については、具体的な規定はないが、おおむね3か月以内をめどに実施され、再度の必要性が認められれば最高6か月まで実施されている。長期にわたる場合には、家庭裁判所調査官のケースワーカーとしての処遇が期待される。補導委託試験観察の場合には、少年に対する指導は委託先の処遇担当者が、そして保護者に対する教育的指導は家庭裁判所調査官が主として実施することになる。

D 試験観察の課題

　起訴猶予制度のない少年司法手続では、審判不開始および不処分（無罪と同義ではない）になる件数が、家庭裁判所送致件数の約65%に登っている。これらの者の中には、再非行を犯す者もあることから、特に不処分に処す者については、試験観察を実施し、教育的な処遇を試みる必要があると思われる。

注）
1) 企画調整保護司の活動等の詳細については、全国保護司連盟のホームページに詳しく紹介されている。
2) 更生保護法人には、継続保護事業のみを行うもの99団体、連絡助成事業のみを行うもの16団体、両者を行うものが49団体ある（平成21年4月1日現在）。
3) 平成7年5月8日制定、翌4月1日施行、これにより昭和25年に制定された更生緊急保護法は、廃止された。
4) 協力雇用主は、犯罪・非行の前歴のために定職に就くことが容易でない刑務所出所者等を、

その事情を理解した上で雇用し、改善更生に協力する民間の事業主のことをいう。
5) 最近では、平成23年と24年に各1名いるに過ぎない。
6) 無期刑仮釈放者数は、平成18・20年が4人、21年が6人、22年が7人、23年が4人で、婦人補導院からの仮退院者は、近年入院者がいなかったため仮退院者がいなかったが、24年に1人いた。
7) 執行猶予の目的は、施設収容を避け短期自由刑に伴う弊害を防止し、猶予期間内に再犯をすれば刑を執行するという威嚇の下に再犯を防止し、猶予期間を無事経過したときは刑の言渡しの効果を消滅させて（刑27条）、前科に伴う不利益をなくし更生に役立たせることである。
8) 試験観察制度の詳細については、尾田清貴「少年事件を巡る試験観察の現状と課題」（『日本大学法学部創設120周年記念論文集』第1巻、日本大学法学部、2009）参照。

知識を確認しよう

問題
(1) 犯罪者や非行少年を社会内で処遇する利点は何か。
(2) 保護観察において、遵守事項が2種類定められている理由は何か。
(3) 保護観察の担い手としての保護司の専門性を高め、高齢化を防ぐための方策について考えなさい。

解答への手がかり
(1) 施設収容に伴う、家族や職場・学校などとの関係性について、思いを巡らせて下さい。
(2) 特別遵守事項の内容について、よく考えてみて下さい。
(3) 対象者が抱えている問題性や犯罪（非行）に至った原因が、複雑になってきていることが背景にあります。

第11章 われわれが果たすべき責任とは何か

本章のポイント

1. 刑法上の責任とは何か。その責任に伴う刑罰とは何かを考える。責任主義は、近代以降の刑法学の基本原則であるといわれているが、それは、応報という考え方と密接に結び付いたものであった。しかし、応報に基づく刑罰には、さまざまな問題点がある
2. 責任と応報は、犯罪を行った者を社会から隔離する。それは、犯罪を行った者の排除という形で現れている。排除は罪を償うこと、責任を果たすことにはつながらない。
3. 犯罪を行った者を社会へ包摂することが必要である。しかし、それは十分に行われていない。どのようにそれを実現していくのかを考える。
4. 本当の意味で犯罪を行った者の責任とは何か。犯罪に対して社会の人々が果たすべきつとめとは何かを考える。

1 責任刑法

A 責任主義、責任刑法とは

「責任」という言葉は、社会生活を営む上で最も重要なものである。学校を卒業し、晴れて社会人として生活を始めると、とくにそのことを実感するであろう。社会人には、ありとあらゆる行動に責任が伴うのである。たとえば、会社で自分が仕事を任された場合、その仕事を誠実に行わなければならない。そこで、自分が何かミスをするようなことがあれば、その損害を「責任」として背負わなければならないのである。

一般的な国語辞典によると、責任とは、「まかされて、しなければならないつとめ。任務として負うべき義務。負わなければならない責め。償いとしてしなければならないつとめ。」と書かれている。このように責任は、人に対する重大な負担として重くのしかかってくるものなのである。しかしながら、一人ひとりがこの責任を自覚し、全うすることによって、はじめて社会というものが成り立っていくのである。

「犯罪をしてはならない」。これは、社会で最も重要なルールである。ここでは、どのような責任があるのだろうか。このルールを破ってしまった場合には、どのようにしてそれを償うのであろうか。

現在の刑法は、責任主義に基づく、責任刑法であるといわれている。たとえば、刑法39条1項は、「心神喪失者の行為は、罰しない」としている。心神喪失とは何かということについて、判例では、精神の障害により、事物の是非善悪を弁別し（是非弁別能力）、その弁別に従って行動する能力（行動制御能力）が失われている場合であるとしている（大判昭和6・12・3刑集10-682）。何が正しくて何が間違っているのかを判断することができない状態の行為は、行為者が自らの意思で自由に選択し、決断して行われたものではない。つまり、法を守るべきだという規範に従うことが期待できないのであるから、そのような場合に、「何故ルールを守らなかったのだ」という非難をすることはできない。つまり、刑法上の責任がないということになるのである。したがって、法の意味を理解している者は、法に従って行動するという「つとめ」が存在するのである。それが刑法上の責任である。

では、それに違反して、犯罪を行ってしまった場合にはどうなるのか。その場合、その罪を償わなければならないということになる。では、何をもって「罪を償った」といえるのだろうか。それが責任と刑罰の問題である。

B 責任と刑罰の関係

伝統的な応報刑論は、犯罪が行われたとき、その犯罪に対して、それに相応しい刑罰を科すことによって、その罪が償われるとする。

この応報思想は、責任主義と密接な関係がある。つまり、自由な意思決定が可能であったにもかかわらず、ルールに違反をした場合、その者には、「なぜルールに違反をしたのだ。ルールに違反するべきではなかった」という非難が可能である。この非難可能性（有責性）に基づき、応報としての刑罰が科されるのである。行為者は、刑罰という非難を受けることで、ルール違反を帳消しにしてもらうのである。このように、犯罪という害悪に刑罰というもう1つの害悪をぶつけることで、お互いに打ち消し合うのである。このことから、罪の償いとは「刑罰という害悪を受けること」ということができる。

責任と応報の目的は、社会統制としての法の目的を達成するために極めて重要な意味を持っている。しかし、そこには重大な問題がある。それは、多くの受刑者が刑事施設から退所した後、社会復帰ができていないということである。

そのことを示す指標として、再犯率、再入率の異常な高さということが挙げられる。平成24年版の犯罪白書によると、平成23年度の再犯者率は、43.8％であった。これは近年でも極めて高い数値となっている。さらに、刑事施設への再入所者率をみると、57.4％であった。つまり6割近い人が、刑事施設を退所後、再び刑事施設へと入所しているのである。

なぜ、社会復帰ができず、刑事施設へと戻ってきてしまうのか。その原因として考えられるのは、刑事施設を退所した者の多くが、就職ができず、自立生活が困難となっていることが挙げられる。犯罪白書の入所受刑者の就労状況別構成比をみると、1度目の者が無職率64.5％であり、そこから入所度数が増えるにつれて無職率が上昇し、5度以上の入所者になると、

無職率は 81.6% にも及ぶ。刑事施設を退所しても、衣食住の確保が十分にできなければ、再入所につながってしまうのである。

2 社会は犯罪を行った者を排除しようとする

A 社会的な排除

　犯罪を行った者は、刑事施設を退所後、就職ができず、無職のまま再び犯罪を行ってしまい、また刑事施設に収容されてしまう。またさらに退所後は就職が困難となり、再犯に至る。この一連の負のサイクルに陥ってしまった者が、多数存在しているのである。この現象は、いわゆる「社会的排除」の状態に酷似している。

　「社会的排除」(social exclusion) とは、何らかの理由で個人または集団が、社会から排除されること、またはその状態をいう。この概念は、もともとEU などにおいて社会から排除されてきた人々に対してどのように対応していくかという観点から導き出されたものである。

　ここでは、従来とは異なる観点から犯罪者等を捉えるのである。たとえば、元受刑者だけではなく、障害者、移民や少数民族、ホームレス、孤立した高齢者、薬物乱用者等を「社会的に排除された人」として捉え、これらの者を、「不安定な仕事と長期失業、教育や職業技能の不足・不備、粗末な住宅、社会経済的に不利な状況にあるコミュニティに居住すること、家庭崩壊、家庭内外の社会的ネットワークの弱体化、社会的地位の喪失など多次元の問題を抱える人々」と捉えるのである。

　社会的排除の特徴として挙げられるのは、第 1 に、多次元的であるということである。社会的排除の構造は、①経済的な次元、および②社会的な次元、さらには③政治的な次元も加わって相互連関するものとして規定されている。これは、「貧困」のように所得という次元にのみ関わる概念とは区別されるということである。

　第 2 に、排除は、単なる状態を示すだけではなく、一定のプロセスに着目するということである。排除概念と同様に多次元的な概念として「剥奪」

があるが、剥奪は、結果を示すものであって、排除は単なる結果ではなく、排除に至るプロセスに着目するものであるといわれている。

　第3に、排除には累進性があるとされている。すなわち、経済的マージナル化（不確実で低賃金の仕事：長期かつ繰り返しの失業）、社会的マージナル化（ネットワークや社会参加の機会の喪失）、政治的マージナル化（政治や社会的影響力の欠如）、政治的分極化（社会的結束の喪失）、これらの要素が相互に連関し、悪循環に陥るというのである。このように、1つの領域での排除が他の領域での排除を誘発、累積していくという特徴があるとされている。

　第4に、関係性を特徴とするとされている。すなわち、排除は、資源や財の不足ということだけではなく、社会関係からの排除が問題となる。家族関係、交友関係、近隣のコミュニティにおける関係は、個人のアイデンティティと権利を保障する上で重要な役割を果たし、排除の概念は、このような社会的な紐帯の危機を問題とするというのである。

　第5に、相対性が挙げられている。社会的排除の基準やそれの度合いを測る尺度は、社会やその発展段階に応じて異なり、すなわち、いかなる状態が排除であるかは社会や時代によって異なると考えられているのである。

　現在のわが国における元受刑者等の状況は、社会的排除の特徴である多次元性、累進性、関係性に照らし合わせてみると、「限りなく社会的排除に近い」状況にあるということはできるであろう。しかし、完全に一致するかどうかは検討を要する。

　第1に、わが国では、EU諸国のような、人種、宗教、移民や少数民族に対する社会的な排除が行われているわけではなく、EU諸国ほどの重大な社会問題となっているわけではない。

　第2に、わが国とEU諸国では、排除の主体となる社会の構造が異なっている。わが国に古くから存在するのは、社会ではなく、いわゆる世間であるといわれている。世間とは、具体的な構成員が決まっているわけでもなく、組織化されているわけでもない。ある種の準拠集団であるといわれている。むしろ、社会による排除というよりは、世間による排除といったほうが適切であるようにも思える。

> **コラム** 日本における世間

　私たちは子どもの頃から「世間」という言葉を耳にしてきました。この世間という概念は、日本文化に固有の伝統的な日常語で、元々は仏教語であったそうです。

　しかし、世間とは何なのか、どこにあるのか、誰を指すのか、実はよくわかりません。「社会」のように広いわけではなく、かといって、具体的な構成員が明らかではない。しかし、私たちは、「世間様に顔向けできない」とか、「世間体」など、常に「世間」を念頭において行動しているように思えます。

　社会学的には、世間とは、日本人の日常規範の拠り所というのです。日常規範の拠り所という意味で、「準拠集団」というものの一種であり、「社会」とは明確に区別されます。

　私たち日本人は、世間の規準から自分だけが逸脱することのないように微調整をしながら生きています。

　たとえば、犯罪を行った者や犯罪の被害者と関わる際に、「世間」の目を気にし過ぎてはいないでしょうか。それが犯罪を行った者を排除したり、犯罪を行った者や、犯罪の被害者を支援することを妨げているのではないでしょうか。

　私たち一人ひとりが犯罪と向き合い、規範の拠り所となる「世間」の捉え方を変えれば日本という国は、より明るく人に優しい社会に成長できるかもしれません。

もっと知りたい方へ
● 井上忠司『「世間体」の構造――社会心理史への試み』（講談社学術文庫、2007）

B　責任刑法の功罪
[1] 責任刑法は、被害者を排除する

　この社会では、自由な意思決定が可能な者には、違法な行為を踏みとどまる責任がある。これは裏を返せば、自由な意思決定が可能でなかったな

らば、違法な行為を行ったとしても刑罰という非難をされないということを意味する。したがって、責任主義の主な機能は、国家による恣意的な刑罰権の発動を制限するという点にあるといえる。この責任主義の機能は、近代刑法にとっては、必要不可欠である。

さらに、応報刑の目的には、復讐の防止という重要な役割もある。犯罪が行われたとき、それを放置しておくと、無制限な復讐の連鎖が繰り返されてしまう。それでは、社会が混乱してしまうのである。そこで、国家が加害者と被害者の間に割って入り、非難可能性を前提とした応報としての刑罰を科すことによって、復讐を防止し、同時に、行為者の罪を帳消しにするのである。

たとえば、殺人事件が起きた場合、加害者は刑罰としての懲役刑を受けることによって、社会から隔絶されることになる。しかし、社会から隔絶されることによって、加害者は被害者による復讐や、社会からの直接的な非難から身を守ることができる。そして、自らの罪と向き合う時間が得られるのである[1]。また、被害者は、加害者が刑事施設に収容されることで、さらなる侵害の危険から免れ、安心感を得ることができる。そして、社会にとっても、社会の安全を脅かした行為者が刑事施設に収容されることで、一定の安心感を得ることができるのである。

しかし、それは見方を変えれば、犯罪を行った者の「罪を償うというプロセス」の中から、被害者や社会の意見を排除していることにはならないだろうか。その結果、犯罪を行った者が、刑期を終えて、釈放された後に、社会的な非難という形で彼ら自身に降りかかってくる。その結果、社会復帰が困難となるのである。もちろん、現在では、裁判や行刑、仮釈放の判断など、さまざまな場面において犯罪被害者が意見を述べる機会が設けられているが、まだ十分とはいえない状況である。

被害者の意見を、ダイレクトに刑罰に反映させることはできない。それは、法が復讐を許容することになるし、私刑（リンチ）を認めることになってしまう。それを防止する意味での責任主義は必要不可欠である。しかし、被害者を排除することでは、本当の意味での罪の償いは達成できないし、犯罪を行った者の社会復帰は実現されないであろう。

[2] 責任主義は、満期釈放者を支援できない

　平成24年版の矯正統計年報によると、平成17年に刑事施設を退所した者の再入率について、満期釈放者が58.7％、仮釈放者が36.9％としている。明らかに満期釈放者の再入率が高いのである。その要因として考えられるのは、満期釈放者には、社会復帰に向けた支援を行うことができないことである。

　一方で、仮釈放については別である。仮釈放者については、後述する保護観察制度によって、さまざまな支援を受けることができるのである。保護観察の本来の役目は、まさに出所受刑者を観察することにあったが、現在では、刑事施設の退所者を支援するという役割に変化しつつある。その支援こそが社会復帰に重要な役割を果たしているのである。

　何故、満期釈放者には支援ができないのか。その原因は「責任主義」にある。刑の長さや種類は、行為者の責任の範囲内で確定される。責任の重さが限界点を定めるのである。そうすると、満期釈放をされたということは、行為者は、自らの責任に基づいて確定された刑期を務め上げたということになる。その後、国家によって、何らの干渉も受けることはない。刑事施設の出口を出れば、晴れて自由の身なのである。

　ここで、たとえば、本人の家族や、友人が迎えにきて、その後の支援をしてくれるような場合には、社会復帰も容易となる。しかし、刑事施設の入退所を繰り返しているような受刑者の多くは、度重なる犯罪によって、家族や友人から見放されてしまっている場合が多い。実は、家族のような身近な人は、他の誰よりも本人に対して失望を繰り返している場合が多いのである。その結果、まず、はじめに家族が本人を排除してしまうのである。

[3] 責任主義は、本当の意味での責任を確定できない

　責任主義は個人責任主義を原則とする。個人は自らの行為についてしか責任を負わなくてもよいのである。このことから団体責任や、連帯責任は否定されるので、個人にとっては重要な利益となる。

　しかし、たとえば、Aという人物が、コンビニで空腹のあまりおにぎりを万引きしたという場合を想定する。なお、Aは、以前にも窃盗罪で実刑

判決を受けて、数日前に満期釈放をされたとしよう。その後、A は、窃盗罪で逮捕され、起訴され、裁判で有罪判決を受けることになる。裁判で争われ、責任を負うのは、A だけである。しかし、この窃盗事件について、窃盗という犯罪を防止する「つとめ」のあった者は、A 以外にも存在していたのではないだろうか。

なぜ、満期釈放をされて、罪を償ったと考えられる A が、空腹のあまり万引きをするという事態に陥ったのか。国や自治体は、何故 A を助けなかったのか。A の家族や友人は、罪を償った A に対して、なぜ救いの手を差し伸べなかったのか。それらの者が A を助けていれば、窃盗事件は起きなかったのではないか。それらの者たちを処罰することはできないし、非難可能性が認められるわけでもない。しかし、A の窃盗に対する原因の一端を担っているのではないだろうか。そうであるにもかかわらず、裁判で有罪の認定を受けるのは A だけなのである。これによって、われわれ一般人は、今回の窃盗事件の責任がすべて A に存在するかのような錯覚を受けてしまうのである。

[4] 刑罰を受けることでは、罪は償われない

刑罰を受けたにもかかわらず、社会復帰ができない。これは、応報という考え方からは、不自然なことなのである。なぜなら、犯罪を行った者は、刑罰を受けることによって、罪が償われているはずだからである。その者たちは、罪が償われ、社会的にもクリーンな存在へと生まれ変わり、犯罪を行う以前と同様に社会の中で生活をすることが許されなければならない。それにもかかわらず、社会復帰ができないのである。

なぜ、そのような事態が発生するのか。その答えとして考えられるのは、刑罰を受けるだけでは、罪が償われないということである。

実際上、何をもって罪が償われるかは、極めて難しい問題であるし、人間にとっては、永遠のテーマなのかもしれない。そこで、応報刑論が、「刑罰を受ければ罪を償ったことにしよう」ということを示したことは、犯罪を行った者にとっては重要な意味がある。また、犯罪を行い、刑罰を受けた者の中には、自らの罪を認め、心から反省をし、社会復帰を目指すために努力をする者もいるであろう。しかし、そこには、被害者や、社会が関

与していない。その結果、刑罰を受けただけでは、被害者や社会が、罪を償ったとは「認めない」のである。それが認められない以上、結局、犯罪を行った者は、社会から排除され、再び犯罪を行ってしまうのである。

それでは、何のために刑罰を受けたのか。何のために苦痛を甘受してきたのか。永遠に社会から追放されることが償いなのだろうか。もし、そうであるならば、責任主義は何の意味もなさないといわなければならない。

すでに述べたように何をもって罪の償いといえるのかは、必ずしも明確な答えがあるわけではない。しかし、これまでのことで明らかなことは、罪を償うプロセスの中で、被害者や社会を排除することは、同時に犯罪を行った者を排除することにつながるということである。

したがって、仮に本当の意味で罪を償う道があるとするならば、それは、当事者を排除することではなく、それらを包摂した先に存在するのではないだろうか。

3 社会への包摂

A 社会的包摂

EU諸国では、社会的に排除された人々をどのようにして社会へと包摂していくかということが重視されている。これを社会的排除に対して、社会的包摂という。

社会的包摂とは、社会的排除のリスクを背負う人たちを排除のサイクルから脱出させ、経済的、社会的で文化的な生活の中に参加させていくプロセスであるといわれている。

そこでは、雇用の促進、資源、財、サービスへのアクセスの確保、社会的に不利な状況にある人々への支援などを行い、排除のリスクを予防していくのである。

そして、それを実現するために、国家や地域福祉を担う自治体だけではなく、民間の団体や組織とも相互に連携、協力を行っていくのである。

このような試みの根底にあるのはどのような考え方であろうか。それは、

犯罪に対する個人の責任を追及するだけではなく、「社会的排除」を発生させた、あるいは放置してきた社会や国家の責任も問うという点にある。つまり、個人の行動よりも社会的構造に着目する立場であり、社会的なつながりや住民間の連帯を確保するために社会が何をすべきか、何ができるかという根本問題を提起するのである。

B　わが国における包摂の試み
[1] 保護観察と社会的包摂

　実は、わが国においても、この社会的包摂に向けた活動がなされている。その代表的なものとして、保護観察が挙げられる。

　保護観察は、施設収容前のプロベーション（Probation）と施設収容後のパロール（Parole）を総称するものであるといわれている。プロベーションは、犯罪者を施設へ収容することを一時猶予し、条件をつけて社会内において監督し、もし、その条件に違反すれば施設へ収容するという心理強制を与えることにより犯罪者の更生を促すものであり、パロールは、施設収容後、仮に釈放した者に対し監督を付すことにより、その者の社会復帰を容易にするものである。

　わが国におけるプロベーションとして保護観察付きの執行猶予があり、パロールとして仮釈放後の保護観察がある。この両者は明確に区別されつつも、その目的とするところは、どちらも犯罪者を円滑に社会に復帰させることである。

　保護観察に関しては、更生保護法は、第1条において、「この法律は、犯罪をした者及び非行のある少年に対し、社会内において適切な処遇を行うことにより、再び犯罪をすることを防ぎ、又はその非行をなくし、これらの者が善良な社会の一員として自立し、改善更生することを助けるとともに、恩赦の適正な運用を図るほか、犯罪予防の活動の促進等を行い、もって、社会を保護し、個人及び公共の福祉を増進することを目的とする」としている。同法では、遵守事項が規定され、社会復帰のための環境調整や、犯罪被害者等の関与の制度について規定されている。

　さらに法務省は、厚生労働省と連携し、身元保証システム、セミナー、事業所見学会、職場体験講習、トライアル雇用事業等の保護観察対象者等

に対する就労支援策を推進している。また、保護観察所は、地域の関係機関・団体、経済団体等に広く働きかけて、新たな協力雇用主の開拓に努めている。

協力雇用主とは、犯罪・非行の前歴のために定職に就くことが容易でない刑務所出所者等を、その事情を理解した上で雇用し、改善更生に協力する民間の事業主であるといわれている。現在では、全国で約9,300の協力雇用主がいるといわれている。これらの試みによって、平成24年度版の犯罪白書によると平成23年度には、2,700名以上が就職したといわれている。保護観察の開始時の就労状況を見ると、仮釈放者が、無職者82.3%、有職者13.7%、その他4.0%（家事従事者、学生、生徒、就労状況不詳者）であったものが、保護観察の終了時には、無職者33.8%、有職者57.8%、その他8.3%となっている。保護観察付き執行猶予者についても、開始時に無職者56.8%、有職者37.0%、その他6.2%であったものが、終了時には、無職者39.4%、有職者52.6%、その他8.0%となっている。以上のことから、保護観察における就労支援が重要な役割を果たしていることが読み取れるであろう。

そして、忘れてはならないのが、保護司の存在である。保護司とは、犯罪や非行をした人の立ち直りを地域で支える民間のボランティアで、保護司法に基づき、法務大臣から委嘱された非常勤の国家公務員である。とくに、民間人としての柔軟性と地域の実情に通じているという特性をいかして、保護観察官と協働して保護観察に当たり、犯罪や非行をした者がスムーズに社会生活を営めるように釈放後の住居や就業先などの帰住環境の調整や相談を行うとする。全国の保護司は、高齢化や人員の不足といった問題を抱えながらも、犯罪を行った者等の社会復帰に尽力しているのである。

[2] 地域生活定着支援センターと社会的包摂

先に述べた満期釈放者について、従来は就労支援も行えず、社会復帰が非常に困難であった。しかし、現在では、満期釈放者の社会復帰を支援するために、地域生活定着支援センターが重要な役割を果たしている。

厚生労働省のホームページによると、平成21年度に「地域生活定着支援事業」を創設し、高齢または障害を有するため福祉的な支援を必要とする矯正施設退所者について、退所後直ちに福祉サービス等（障害者手帳の発給、

社会福祉施設への入所など）につなげるための準備を、保護観察所と協働して進める「地域生活定着支援センター」を各都道府県に整備することにより、その社会復帰の支援を推進することとしている。そして、平成23年度末には、全都道府県にセンターが設置されている。

たとえば、千葉県の地域生活定着支援センターは、知的障害、身体障害を負っている者や、高齢者をメインにその支援を行っている。知的障害を負っている者などは、国や自治体が生活保護や、障害者支援を行っていることすら知らずに生活を続け、そして犯罪に手を染めてしまう場合がある。こういった場合に、生活保護の申請や、障害者認定の申請を行い、さまざまな公共サービスへのアクセスを支援しているのである。

また、受刑者が施設内にいるうちに障害者就業生活支援センターとの連携も行っているという。施設内にいるうちから調整をすることによって、円滑な社会復帰を可能としているのである。これに関して、現在では、刑事施設の中に、社会福祉士が配置されており、地域生活定着支援センターと連携を取っているのである。その他、地域の保護観察所、更生保護施設、児童自立支援施設、ハローワーク、弁護士など、さまざまな機関との会議を通じて、ネットワークを形成し、施設の退所者が、衣食住がそろって落ち着ける場所に定着できるように支援を行っているのである。

以上のような、活動は、まさに社会的包摂への動きに他ならない。しかし、それでも、なおさまざまな問題があり、十分な支援ができていないという。

たとえば、金銭面での問題点が挙げられる。とくに障害者の支援や、高齢者の支援を行うに当たっては、相当な人員の確保が必要となる。その人件費は膨大となり、国の委託費のほとんどが人件費になっているという現状がある。

また、専門スタッフも不足している。とくに知的障害や、高齢者の支援を行う場合には、専門スタッフが必要不可欠となる。

さらに、知的障害と他の要因が並存している場合には、とくに問題が多い。たとえば、知的障害があり、かつ高齢者であったような場合、障害者手帳を紛失している場合などが多く、家族も離散しているために、知的障害の認定が困難となる。本人が少年で知的障害を持っており、かつ家族も

知的障害を負っている場合など、家族ぐるみで支援が必要な場合もあるという。また、知的障害を持っており、かつアルコール依存などの症状がある場合、断酒会に一人で参加できない場合などがある。また、知的障害があり、かつ性犯罪の傾向がある者については、その家族も地域から排除されている場合があり、相当に長期の準備が必要であるという。

そして、最も求められているのは何か。それは、社会の人々の理解であるという。いかに社会復帰に向けたシステムが充実し、そのためのセンターが努力を続けても、犯罪を行った者を、一生支援することはできないし、それでは、自立生活という意味で、社会復帰とはいえない。本当の意味で社会復帰をしたと認められるためには、最終的には、社会の人々の理解や協力が必要不可欠なのである。少なくとも、現在の社会の人々が、十分な理解や協力を行っているとはいえない状況なのである。

4　社会と個人によって果たされる責任

A　社会のつとめ

われわれは、法というルールを守らなければならない責任がある。そのルールを破った場合には、刑罰という非難を受けなければならない。その意味で、犯罪に対する責任を負っているのは、究極的には、それを行った本人である。これは否定できない。しかし、犯罪によっては、それだけではない場合がある。とくに本章で取り上げた刑事施設の入退所を繰り返している人たちのように、社会から排除されて行ってしまった形態の犯罪（社会的排除型犯罪とする）が、まさにそれである。

社会人は、全員が、犯罪を防止し、明るい社会を作るためのつとめを担っているのである。それは、「ルールを守る」ということだけなのだろうか。そうではなく、「ルールを破ってしまった者をなんとかする」ことも明るい社会を作るためのつとめではないだろうか。少なくとも、犯罪を行った者を排除することではないであろう。また、自らの果たすべきつとめに目をつぶり、行為者に責任を押し付けることでもない。

もちろん、犯罪を行った者を、社会が何のためらいもなく受け容れることができるかというと、現実的には困難であろう。それは同時に被害者を排除することにもつながりかねないからである。加害者を包摂することと、被害者を排除することは同義ではないが、社会一般には、そのようなシンプルな抵抗があることは否定できないであろう（そこには「世間」との問題がある）。

　それでは、われわれは何をしたらよいのか。その答えを示しているのは、まさにボランティアで活動している保護司であり、地域生活定着支援センターである。これらの機関の活動は、まさに社会の側のつとめを果たしていることであり、社会的包摂に向けた活動を行っている。社会全体が、これと同様の活動ができるわけではないが、そういった機関の活動に理解を示し、支援をすることは、誰にでもできることである。現に、社会を構成する人々のさらなる協力を求めているのである。

B　本当の意味での責任とは

　社会には犯罪という現象に対してなすべきつとめがある。このつとめを果たさずに、犯罪を行った者の責任を確定することはできない。本当の意味での行為者の責任を問うためには、犯罪という現象を、社会全体を見渡すような幅広い視点で捉える必要がある。社会がこのつとめを果たさずに、犯罪が行われてしまったならば、その者に対する責任を、社会全体で分担することも必要ではないだろうか。

　社会を構成する一人ひとりの人間が、自らのなすべきつとめを果たし、本当の意味での行為者の責任が確定されたときに、はじめて行為者に真に「罪を償うための道」が示されるのではないだろうか。それは、単に刑罰を受けるだけではなく、犯罪を行った者、被害者、それを取り巻く社会、すべてが犯罪と向き合うことによって可能となるであろう。

注）

1) かつて千葉刑務所を参観した際、所長が「刑務所とは癒しの場である」と述べていたが、とても印象的であった。

知識を確認しよう

問題
(1) 責任とは何か。
(2) 社会はどのように犯罪と向き合っていくべきか。

解答への手がかり
(1) 刑法の教科書には、有責性や、責任主義といった項目が必ず存在する。しかし、そこにとらわれずに自身の頭の中で考えることが重要である。本当の意味での責任は、刑罰では果たすことはできないからである。
(2) この問題は、完璧な答えが存在するわけではない。現在のわが国で起きている問題に目を向け、一人ひとりの人間に何ができるのかを考えることが必要である。

第Ⅳ部

育てる

第 12 章　模擬裁判による法育

第12章 模擬裁判による法育

本章のポイント

1. 法育とは何か。単に法律を教えることではなく、法を通して人間を知るための教育方法であり、人間学の一端である。
2. 日々複雑化し、人間対人間が触れ合う機会がますます減少していく現代において、法律という社会規範を知り裁判を擬似的体験することで、自己知・社会知を高め、自己や他者を尊重する気持ちを育てる必要性がある。
3. 学童期から法育が浸透すれば、自らの行動について自戒する力がつき、衝動的な行動を抑止する力が育つであろう。そのような子どもたちが成人していけば、国民全体の社会規範意識が高まるだけでなく、他者への思いやりの気持ちも増大し、いじめが減少し、コミュニティが生まれる。

1 法育の目的

A 法育とは何か

「法育」[1]とは聞きなれない言葉だと思う。2000年頃から使われ始めた「食育」という言葉のほうが馴染みがあるだろう。

「法育」は、法律を通して人間を育てるという意味である。単に法律を教えるのではなく、法律に関わる人について知り、なぜその行為を行ってしまったのか考える。他人を傷つける行為に対し、国家はどう対処するのかを知る。法律の一端を知り、実際の裁判を傍聴することで、人間の行為に興味を持ち、社会に関心を抱き、ひいては、人間とはどういう生き物なのかを考える。そして、自分はどう生きていくことがより良い生き方なのかを思索するのである。「法育」は、まさに、生きるために必要な人間学なのである。

1990年頃から「法育」という言葉を使ってきた。私は日本全国どこにでも出かけ、児童・生徒、そして、社会人に働きかけてきた。そこで聞かれる言葉は、「もっと早く出会いたかった」である。地方で出会ったある男性は、「もっと若いうちに知りたかった。でも、われは79歳、裁判員にはなれないよなあ。」「なれますとも。ぜひ、選ばれたら、活躍してください。」「よしゃ、来週はマイクロバスをしたてて、裁判所にみんなを連れて行って勉強することにするわ。」と言った。遠ざけられていた司法に、国民が自ら歩み寄った瞬間だった。人々は学びたいと思っている。今まで、司法と国民の間にある垣根が高すぎただけだ。学童期から法律や司法制度に触れていくことで、その垣根はもっと低くなり、司法が本当に国民のものになる時がいつか来ると信じて指導を続けている。

B 家庭と法育

経済状況にかかわらず、両親とも多忙で、家族が顔を合わせる時間がほとんどない状態の家庭が多くなっている。急激に家庭生活が崩壊しつつある。家庭が崩壊すると、家庭における道徳心や規範力を育成する力も弱くなる。

社会構造は日々複雑化し、インターネットの普及によって人間対人間が触れ合う機会がますます減少している。家から出なくても買い物も旅気分も味わえる。人々は自己を見失い、人間関係で傷つくのが怖いとバーチャルな世界に引きこもり、ますます人との関わりを避ける傾向に向かっていく。事件内容から見ると、明らかに、自己中心的な動機で行われる自殺や犯罪件数が増加している。警視庁が発表した平成24年度の全国自殺者総数は、前年度より2885人減少し、27,766人である[2]。3万人を下回るのは1997年以来15年ぶりである。だが、20代、30代の自殺率は高水準のままだ。動機が特定できたものの最多は健康問題であるが、2位は経済・生活問題、3位は家庭問題だ。就職できないことを苦に自殺する若者が増加しているという。つまり、社会が若者の自尊心を傷つけているのである。

　法育は、法律という社会規範を知り、それに基づいて人間の生き方について考える教育方法である。また、その1つの方法として模擬裁判を行い、裁判という「別世界への関所」を擬似的に体験することで、自己知・社会知を高め、自己や他者を尊重する気持ちを育てる。自尊心を高めることで、自殺予防にも寄与できると考えている。

C　学童期から法育が浸透すれば

　現在の時点では、家庭にあまり期待できないとすると、学校教育でこそ法育を実践しなければならない。法育が浸透すれば、教師の懲罰や強制力に頼らずとも、自らの行動について自戒する力がつき、衝動的に行動することを抑止する力が育つであろう。そのような子どもたちが成人していけば、国民全体の社会規範意識が高まるだけでなく、他者への思いやりの気持ちも増大し、いじめが減少すると期待される。また、コミュニケーションの疎ましさが減ってくるので、助け合い高め合うコミュニティが生まれていくはずである。人間は一人では生きていけない。誰かに支えられて、誰かを支えて、自分がここに存在する意義を確認しながら生きている。小さな迷惑をかけつつ、かけられつつ、バランスを保っているのだ。大きな迷惑については、法律が戒める。大きな迷惑をかけないように思いやりを持って人に接することの大切さを教えるのも「法育」の役割である。

2 裁判員制度が始まって

A 法律に触れる機会

　裁判員制度が始まって5年目に入っている。先進諸国が継続しているように、日本も裁判員裁判を継続するだろう。裁判員になることは義務ではなく権利である。どうしても無理な場合は、相当の理由を元に辞退できる。裁判の途中なら、補充裁判員に交代してもらうこともできる。裁判員は、20歳以上で衆議院議員選挙の選挙権のある人の中から抽選で決まる[3]。高校3年生は2年後に裁判所から封書が届くかもしれない。一生に1回来るか来ないかの裁判員になれるチャンスを逃すのは惜しい。是非、司法に参加し、国民としての権利と能力を発揮してほしい。そのためにも、日頃から、社会の出来事に関心を持ち、犯罪と法律の関係について考えてもらいたい。人間だから過ちも犯すし、運悪く被害に遭う人もいる。人を裁くのは難しい。被害者の写真を見てショックを受けるかも知れない。だが、現実から目を逸らしては正しい判断はできない。裁判員制度は、専門家と良識ある国民とが協働して行う司法権なのである。わからないことは、専門家である裁判官に尋ねればよい。専門家を含む9人の考え抜かれた意見から評決が生まれるのだ。

B 自分で判断する機会

　他人の人生を決めることなど無理だという人がいる。確かに責任重大だ。でも、直感に従って単独で決めるのではなく、法律の専門家とともに話し合いの中で合議していくのだ。もちろん、最終的には自分の意見を決めなければならない。判断力と決断力が試される。合議の前提として、人の話を最後まで聞く力が必要である。自分と相反する考えの人の意見も冷静に聞かなければ議論はできない。論理だった根拠がなければならないのだ。限られた時間の中で相手を説得する論理と表現力が必要となってくる。つまり、自分が今まで培ってきた常識が試される。これらの力は、一朝一夕でつく力ではない。学童期から少しずつ訓練して初めて身に付く力である。

3 法育の実践

A 解説付き裁判傍聴

　地方裁判所に行き、実際の裁判を傍聴する。終了後は裁判の内容と関わる法律について、専門家が詳しく解説する。裁判に関わる人々の言動と法廷の張りつめた空気を体験することにより、模擬裁判でも本当の裁判を具体的にイメージすることができ、より緊張感をもって実践できる。

B 施設参観

　更生施設を見学する。具体的には、刑務所や少年院、児童自立支援施設の参観である。見学だけでなく、所長や刑務官・法務教官から犯罪者の実態や収容者の処遇について講義してもらうことで、より深く社会の在り方について考えることができる。

C 模擬裁判

[1] 模擬裁判の意義

　模擬裁判の意義は、教育の意義と重なるところが多い。

　学校は、一部の私立学校を除き、文部科学省の学習指導要領に基づいて教育を行うことになっている[4]。教育基本法や学校教育法の改正で、公共の精神、生命や自然を尊重する態度、伝統や文化を尊重し、わが国と郷土を愛するとともに、国際社会の平和と発展に寄与する態度を養うことなどが新たに教育の目標として規定された。

　新学習指導要領では、「[生きる力]を育むための具体的手だて」が明記された[5]。文部科学省が提唱する[生きる力]とはどのような力なのかを記述しておきたい。

　生きる力とは、①基礎基本を確実に身に着け、いかに社会が変化しようと、自ら課題を見つけ、自ら学び、自ら考え、主体的に判断し、行動し、よりよく問題を解決する資質や能力、②自らを律しつつ、他人とともに協調し、他人を思いやる心や感動する心などの豊かな人間性、③たくましく生きるための健康や体力などのことをさす。社会的自立の観点から、必要

な知識や技能を身に着けさせるだけでなく、それらを活用する学習活動が求められている。基礎的・基本的な知識・技能の定着を図るために体験学習を重視し、学習の基盤を構築する。思考力・判断力・表現力を育むために、知識・技能を活用する学習活動を充実させる。また、わかる喜びを実感させ、学習意欲を向上させることが重要で、体験的な学習やキャリア教育などを通じ、学ぶ意義を認識することが必要であるとする。

次に、豊かな心や健やかな体の育成のためには、基本的な生活習慣を確立させるとともに、社会生活を送る上で人間として持つべき最低限の規範意識を身に着けさせることを強調している。

以上のことを踏まえ、模擬裁判を行うことがいかに教育的意義のあることかを、いくつかの項目を取り上げて考えてみたい。

(1) 表現力

日本という集団の意思が優先される社会で、自発的に自己表現できる場は少ない。しかし、模擬裁判という場で、脚本に基づいて表現するという演劇的手法を用いることで空間が限定され、安心して自分らしさを発揮することができる。被告人や被害者、裁判員の立場に立った時には、当事者の心情を想像し、伝える感性を育てるとともに表現力も磨かれていく。

(2) 論理的思考の構築

裁判では、時間と行為、原因と結果の関係が重要である。したがって、冒頭陳述から証言に至るまで、被告人と被害者の関係性が、いつ、どこで、どのように行われたのか、行為の因果関係を自分の思考の中で整理して考えなければならない。模擬裁判は、まさに論理的思考力が高められる活動である。

(3) 判断力・決断力

裁判は、事実を見極め、判決を出すことが、最も重要な責務である。状況説明や証拠や証言、裁判官・裁判員の質問などに基づき、自分なりの結論を出さなければならない。つまり、裁判という場を設定することで、事実を的確に判断し、最終的には結論を出す決断力も培うことができる。

(4) 規範力の育成

裁判は、検察官によって起訴された人間の行為が、社会にとって人間にとって悪か否かを判断するところから始まる。模擬裁判であっても、その

場に参画することは、その人自身の価値判断を問われることになる。学童期においては、善悪の判断に限らず、集団や社会のルールについて知ること、守ることの重要性を知る。青少年期には、社会の一員として、善悪だけでなく人間の多面性についても考えさせる必要がある。それぞれの発達段階で目指すところは異なる部分もあるが、模擬的場面の中で、体感し感性を育てていくことが最も効果的である。

[2] 実践
(1) 実践方法
A 裁判員制度と法律の解説講座、脚本の詳しい解説と発声・演技指導
B 裁判員制度と法律の解説講座、脚本の詳しい解説、発声・演技指導と評議の指導
C 裁判員制度と法律の解説講座と公判脚本作成指導＋発声・演技指導と評議指導

　教員の力量や時間的制約によって、以上の3段階に分けて指導している。

(2) 実践のながれ
①脚本の作成
　実際の事件をもとに、よりリアルにわかりやすく脚色し、多くの子どもたちが活躍できるように配慮している。
②刑法の基礎知識の講義
　法律がなぜ必要なのかというところから、刑事裁判の流れ、規範意識の重要性について講義する。
③裁判員制度の理解度の確認
　裁判員制度の意義から評決のルールなど、クイズを交えて確認する。
④評議における争点の整理
　事例の争点を整理し、論理的思考の構築の一助とする。
⑤キャストの選定
　裁判員6名と右陪席裁判官、左陪席裁判官は、必ず児童・生徒に配役する。裁判長、検察官・弁護人、被告人などについては、力量と希望者数によって児童生徒が演じるか協力者が演じるのかを選択する。児童生徒の配役は、希望者を優先する。

⑥発声・演技指導

発声指導は重要で、マイクがなくても傍聴人に届くような声量で発言させる。担当する役の服装・態度についても人を裁く場であることを考えて行動するように指導する。

⑦リハーサル

リハーサルでは、入退場時の動きや発言の位置、視線、動作の確認、音響設備の確認などを行う。

⑧本番

着衣、持ち物の確認をし、裁判官役の者は舞台のそでで裁判官と同様の法服を着用させる。評議の場面では、自分の意見をまとめて明確に発言するように指導する。

写真 13-1　模擬裁判の様子　　写真 13-2　弁護人役の中学 3 年生

コラム　模擬裁判の効果（児童・生徒に起きた変化）

ここでは、模擬裁判を行うことによって、生徒がどのように感じ、考えたかについて、都内のある中学校[6]の第 3 学年 (84 名) に総合的な学習の時間に行った実践に基づき、アンケートからの抜粋を交えて述べる。

1. 司法制度に興味を持てた…84 名
2. 模擬裁判は良かった…84 名
3. 将来、裁判員に、参加したい…65 名、参加したくない…19 名
4. 感想 (抜粋)
- 裁判長役（女子）

裁判長は「裁判を公正で中立に行うため、自らの良心と法律にのみ従う」と胸に刻み、最後まで進行させて頂きました。そして、今まで新聞やテレビでしか関わりがなかった「裁判」を実際に裁判長という立場で参加し、あの場でしか感じられない空気などを実感することができました。将来、「裁判」に関わることができたなら、今回の経験を生かしたいと思っています。

● 裁判員役（女子）

　裁判員に選ばれた時は、何をすればよいか分からず、とても緊張していました。しかし、自分が思ったことを何とか言葉にして言うことができ、とても達成感がありました。模擬裁判を通して、私は罪の重さ、そして重みを判断する裁判官や裁判員の責任はとても大きいものだということを実感することができました。私はこの貴重な体験をこれからもずっと忘れないと思います。

● 証人役（男子）

　最初は演技だと割り切って臨んでいましたが、裁判が進むにつれて犯人を憎む気持ちや被害者、その遺族に同情する気持ちが芽生えてきました。将来もしぼくが裁判員になったら、その時には自分の意見をしっかり持って臨みたいと思います。

● 傍聴人（女子）

　テレビなどで裁判を少し見ていたので、興味を持って模擬裁判に参加しました。今までは、裁判官または裁判長が今までの事件を元に決めるものだと思っていました。裁判員の意見も大切だということを感じました。また、「死刑」か「死刑でない」かと問われた時、私は「死刑」に手を挙げました。しかし、死刑でない人の意見を聞くと、自分では思いつかないような内容だったので、とても勉強になりました。より多くの人の意見を聞くとさまざまな視点から事件を見ることができることを感じました。

(3) 実践からの証明

　事件の背景を知るようになると、なぜこの人物は事件を起こしてしまったのか、本当にこの人物が犯人なのかが気になり、家族や友人との会話が

増加する。また、犯人の家庭環境や人間関係が明らかになっていくと、犯人やその家族そして、被害者家族の立場という多角的な視点から物事を捉える力がつく。

　裁判員役に選ばれた児童・生徒は、自分の責任を果たすためになお一層勉強する。裁判の場面では、全く違う意見の人の考えを最後まで聞き、自分の考えを整理し決断を下す。舞台に立たない児童・生徒たちも傍聴人という立場だけでなく、量刑の場面では、裁判員の視点から挙手させる。全員が参加者なのである。

　模擬裁判終了後は、必ず何人もが法学部で学びたい、司法関係の職に就きたいと申し出てくる。この活動がキャリア教育の一端であることの証明である。

4　文部科学省新学習指導要領との関連性

A　道徳教育の目標

　新学習指導要領における、道徳教育の目標は、学校の教育活動全体を通して、道徳的な心情、判断力、実践意欲と態度などの道徳性を養い、計画的、発展的な指導によってこれを補充、深化、統合し、道徳的価値の自覚及び自己の生き方について考えを深め、道徳的実践力を育成するとある。

　その内容については、下記の4つに分かれている。
1. 主として自分自身に関すること。
2. 主として他の人とのかかわりに関すること。
3. 主として自然や崇高なものとのかかわりに関すること。
4. 主として集団や社会とのかかわりに関すること。

である。

B　教育に欠かせないもの

　法育に基づく模擬裁判を行うことが、学校教育においてもいかに意味あることであるかを道徳教育の側面から確認する。

「1.主として自分自身に関すること」からみていこう。小学校第1・2学年1の(3)には、「よいことと悪いことの区別をし、よいと思うことを進んで行う」とある。第3・4学年では、1の(4)「過ちは素直に改め、正直に明るい心で元気よく生活する」。第5・6学年は、1の(3)「自由を大切にし、自律的で責任のある行動をする」となっている。

善悪が区別できる規範意識を高め、自分をコントロールでき、自分の行動に責任が持てる人間を育てるための教育、正に「法育」そのものの目標と合致する。

「2.主として他の人とのかかわりに関すること」では、第1・2学年2の(3)に、「友達と仲よくし、助け合う」とあり、第3・4学年2の(2)には「相手のことを思いやり、進んで親切にする」とある。第5・6学年では、2の(4)「謙虚な心をもち、広い心で自分と異なる意見や立場を大切にする」となっている。

上記のことは、他の人の気持ちを慮り、ほかの人の意見を最後まで否定することなく聞き、それに基づき自分の考えをまとめる評議の場面で最も大切な力である。

「3.主として自然や崇高なものとのかかわりに関すること」においては、第1・2学年3の(1)「生きることを喜び、生命を大切にする心をもつ」、第3・4学年3の(1)「生命の尊さを感じ取り、生命のあるものを大切にする」である。第5・6学年では3の(1)で、「生命がかけがえのないものであることを知り、自他の生命を尊重する」とある。

人間社会において最も大切なものは生命であり、人間として尊厳を持って生きるとはどういう事なのかを考える一機会になる。

「4.主として集団や社会とのかかわりに関すること」では、第1・2学年4の(1)「約束やきまりを守り、みんなが使う物を大切にする」、第3・4学年4の(1)で、「約束や社会のきまりを守り、公徳心をもつ」とあり、第5・6学年には、4の(1)「公徳心をもって法やきまりを守り、自他の権利を大切にし進んで義務を果たす」とある。

公徳心とは、社会生活における道徳心であり、社会生活の秩序を保つためにある基準を守ろうとする気持ちである。公徳心の根幹を明記したものが法律であり、人として行ってはいけない行為が規定されている。また、

道徳は個人や地域により違いがあるものであるが、法律は明文化されているので、日本全国共通である。裁判員として司法に参加することは正に権利であり、国民としての義務でもある。法廷では、不利益を被った人の人権を守り、加害者は国による正当な処罰を受ける義務がある。ちなみに、われわれがここでいう法育の「法」は、広義で使用する時は、明文化されている法律に限らず、ルールや道徳も含んでいる。

C 違法行為が行われた時にわかる

今まで学校教育では、授業として法律について語られることはほとんどなかったと言っていいだろう。小学校では、第6学年後半で現代社会についての学習があり、憲法のごく一部と三権分立について学習する。

子どもたちが法律に触れる機会は、残念なことにテレビ番組か、現実的に不法行為を行った時か巻き込まれたときである。また、現在のポータブルゲームは、破壊・殺人シーンが多い。ゲームではリセットすればまた立ち上がるが、生身の人間はそうはいかないことを想像できない。

殺人犯が「人を殺してみたかった」と犯行理由を語る。教室では、殴った相手が倒れているのを見て「おい、早く立ち上がれよ」と平然と声をかける。現代は身近で死を経験することが少なくなった。悲しさも喪失感も想像できないのだろう。幼いうちからバーチャルな環境で育つ子どもたちに、死について理解させるのはとても難しい。行為者は軽い気持ちでも、重大な結果を招くことがある。とくに少年犯罪では無知や自己中心的な考えのもと、手錠をかけられて初めて事の重大さに気づくことが多い。

逆に、犯罪行為が継続されていて、精神状態が破綻寸前になって警察に相談するが、相手にしてもらえず、被害が拡大することもある。せめて、犯罪に当たる行為とその手続きについての知識があれば、深刻な結果になることを防げたかもしれない。

法育は、単に法律を知らせるのではなく、もし被害にあったら、どう対処したらよいかという、事実を判断し的確な行動をとれる人物を育てることにも貢献する。

D 法律は誰のものか

　法律は、専門家が知っていればいいという考え方が未だ存在する。法律は誰のものか。国民一人ひとりが暮らしやすい社会になるために存在するのだ。無知による損害の発生、継続は多い。未然に損害・被害を防ぐためにも、少年期から法律の理念と基本的知識は伝えておきたい。

5　法育は社会を変える

(1) 社会性の涵養
　児童期から法律や裁判について学ぶことは、集団の中での規範意識を高めるだけでなく、人間社会の多様性を認識させ、視野を広げ、社会を複眼的に見る力を高めることになるであろう。

(2) 人間性の醸成
　社会を構成しているのは個であるので、自発的学び体験を通して、物事の本質を追求する力が身に付き、正義と命の尊さを学ぶことは間違いない。自分とは異なる意見も尊重し、コミュニケートすることで、自己の価値観を構築し、自分だけでなく他者も大切に思う豊かな人間性が育つ。

(3) 指導力の向上
　法育を実践するには、手間と時間がかかる。指導教員の熱意と周到な準備が不可欠である。もちろん、教員自身の社会に対する好奇心と感受性、そして勤勉さが必要だ。だからこそ、教育課程の中で実施していけば、教員の資質向上に寄与すると思っている。

(4) 本当の教育
　ジョン・デューイは『学校と社会』の中で、こう述べている。「われわれが経験から学ぶということ、そして書物あるいは他の人々の言説が経験に関連のあるものであってはじめてそれらのものから学ぶということは、たんなる言葉のうえだけのことではない。」[7]と。
　たくさんの知識の蓄積は、生きていくための有効な道具になる。しかし、使い方がわからなければ、なんの役にも立たない。経験は知識を輝かせ、

人間の能力を花開かせる。それが身近にありながら未知の世界を体験できるもので感動を伴うものであったなら、なおさらである。

三浦雄一郎さんは、平成25年5月23日、80歳という世界最高齢にしてエベレスト登頂を果たした。三浦さんは「目標を達成しようとする意欲があれば、絶望は乗り越えられる」[8]と言う。人生の目標を持ち、夢を語り、夢に向かってたゆまぬ努力を続けた人の重みのある言葉である。意欲があれば、年齢は諦めの理由にならないことを証明した。正に、「意欲」が人間の能力の限界値を越えさせたのだ。

法育は、社会を知り、自分について考え、意欲を高める教育法である。今後も続くであろう複雑・混沌とした時代を生き抜く原動力を、世代を問わず育てる、最高の体験型学習法と言ってもよいだろう。

模擬裁判例「東京駅コンビニ店長殺害事件」

模擬裁判の1つの例から、人々の考えの変化について観ていきましょう。この事例は、実際にあった事件[9]をもとに構成されています。

Aは、刑務所から出てきたばかりで、お金もなく、仕事もない状態でした。空腹に耐えかねていたAは、東京駅のコンビニでおにぎりを盗みます。それに気づいた店長がAを追いかけ、もみ合っている間にAが持っていたナイフで刺され、店長は死亡してしまう、という事例です。

皆さんが裁判と言っている場面を刑事訴訟法では、「公判」と呼びます。公判では、被告人が本当の犯人であるかどうかを確認するとともに、起きた事実についても整理されます。裁判官と裁判員は、証言や証拠、本人の態度などによって、真実を見極めなければなりません。公判の後は、別室で裁判官と裁判員による評議（話し合い）が行われます。

【評議において話し合われること】
(1) 事実認定

目撃証言と監視カメラの映像から、Aが店長を刺したことに争いはありません。したがって、犯罪行為はあったと認定されます。

ここで問題となるのは、Aは店長が死んでも構わないと思いながら刺したか、もみ合っているうちにナイフが刺さってしまったのかどうかです。Aが殺す意思を持って行った行為なら、物を盗んでから人を殺めたとして

事後強盗罪（刑238条）が成立し、強盗殺人罪（刑240条後段）となり、死刑または無期懲役です。しかし、もめているうちに刺さってしまったのなら、強盗致死罪（刑240条後段）になり、同じ法定刑でも実際の量刑（科される刑の重さ）が変わってきます。

(2) 量刑

強盗殺人罪なら死刑になる可能性が高く、強盗致死罪なら死刑になる可能性はほとんどありません。裁判官と裁判員はAの意思がどちらであるかをAの証言と事実関係から推測しなければなりません。

模擬裁判では、自己防衛用にナイフを持っていたとしても、いざとなったら刺すつもりだったに違いない、という判断をする人の方が多く、強盗殺人罪となることが多いです。しかし、出所したばかりでお金がなく、空腹に耐えかねて130円のおにぎりを盗んだことで死刑になるのは悲しいと意見を変える人も出てきました。

(3) 評決

3人の裁判官と6人の裁判員が時間をかけて話し合った結果、合計9人の特別多数決により被疑者に対する量刑が決まります。刑の重い方から同意する人数を加えていって、過半数になった時点の年数が、科される刑の年数になります。しかし、その中に必ず裁判官が1名は入っていなければならないという特別なルールがあります。

［例］裁判員1―無期懲役、裁判員2―懲役7年、裁判員3―死刑、裁判員4―懲役3年、裁判員5―懲役10年、裁判員6―懲役2年、裁判長―懲役5年、右陪席裁判官―懲役7年、左陪席裁判官―懲役3年

上記のような場合は、過半数に達するのは懲役7年であり、その中に裁判官も含まれているので、「懲役7年」という量刑になります。

(4) 判決言い渡し

裁判員と裁判員が共同で話し合い出された結論を、裁判長が代表して被告人に伝えます。

この事例の模擬裁判では、懲役3年、5年、10年という評決が多く見られました。皆さんだったら、どのように判断するでしょうか。ぜひ、模擬裁判で体験してみてください。

注)
1) 船山泰範『刑法学講話［総論］』（成文堂、2010) 38
2) 警察庁「自殺統計」2013 年 1 月 17 日公表
3) 裁判員法 13 条
4) 学校教育法施行規則 52 条、74 条、84 条
5) 平成 20 年 3 月 28 日文部科学省公示
6) 東京都千代田区立麹町中学校
7) デューイ著『学校と社会』宮原誠一訳（岩波文庫、2005) 30
8) NHK クローズアップ現代（平成 25 年 6 月 10 日）
9) 事件は、平成 14 年 7 月 21 日午前 6 時 50 分に発生した。被告人は、平成 16 年 2 月 23 日、最高裁によって無期懲役が確定している。

知識を確認しよう

知識を確認しよう

問題

(1) 法育の意義について説明せよ。
(2) 裁判員裁判における、評決のルールについて説明せよ。
(3) 模擬裁判を指導するにあたって、最も注意しなければならないことは何か。

解答への手がかり

(1) 法律を知ることや司法の在り方を考えることと非行との関連性から考えてみよう。
(2) 裁判官と裁判員の投票の在り方について考えよう。
(3) 模擬裁判で伸ばす力について考え、そのためにどうすればよいかを考えてみよう。

参考文献

第 1 章
阿部謹也『中世の星の下で』(ちくま学芸文庫、2000)
苅部直 = 黒住真 = 佐藤弘夫 = 末木文美士編『秩序と規範——「国家」のなりたち』岩波講座日本の思想 6 (岩波書店、2013)

第 2 章
団藤重光『法学の基礎〔第 2 版〕』(有斐閣、2007)
西原春夫『刑法の根底にあるもの〔増補版〕』(成文堂、2003)
藤木英雄『刑法講義 各論』(弘文堂、1976)

第 3 章
板倉宏『企業犯罪の理論と現実』(有斐閣、1975)
宇津呂英雄「法人処罰のあり方」石原一彦ほか編『現代刑罰法大系 第 1 巻 現代社会における刑罰の理論』(日本評論社、1984)
奥村正雄ほか「特集 法人処罰論の今日的視点」(刑法雑誌 41 巻 1 号、2001)
甲斐克則編『企業活動と刑事規制』(日本評論社、2008)
川崎友巳『企業の刑事責任』(成文堂、2004)
佐伯仁志『制裁論』(有斐閣、2009)
白石賢『企業犯罪・不祥事の法政策——刑事処罰から行政処分・社内処分へ』(成文堂、2007)
田口守一ほか編著『企業犯罪とコンプライアンス・プログラム』(商事法務、2007)
田中利幸「法人処罰と両罰規定」中山研一ほか編『現代刑法講座 第 1 巻 刑法の基礎理論』(成文堂、1977)
樋口亮介『法人処罰と刑法理論』(東京大学出版会、2009)

第 4 章
渥美東洋編『組織・企業犯罪を考える』(中央大学出版部、1998)
加藤久雄『組織犯罪の研究——マフィア、ラ・コーザ・ノストラ、暴力団の比較研究』(成文堂、1992)
滝本太郎 = 福島瑞穂『破防法とオウム真理教』岩波ブックレット No.398 (岩波書店、1996)
張凌『日中比較組織犯罪論』(成文堂、2004)
西原春夫編『共犯理論と組織犯罪』(成文堂、2003)

第 5 章
青柳文雄『日本人の犯罪意識』(中公文庫、1986)(『日本人の罪と罰』第一法規出版、1980

の改題)
サンデル, M. (鬼澤忍訳)『これからの「正義」の話をしよう──いまを生き延びるための哲学』(早川書房、2010)
サンデル, M. (NHK「ハーバード白熱教室」制作チーム＝小林正弥＝杉田晶子訳)『ハーバード白熱教室講義録＋東大特別授業（上）』(早川書房、2010)
竹内靖雄『法と正義の経済学』(新潮社、2002)
多谷千香子『戦争犯罪と法』(岩波書店、2006)
団藤重光『死刑廃止論〔第 6 版〕)』(有斐閣、2000)

第 6 章

団藤重光『死刑廃止論〔第 6 版〕』(有斐閣、2000)
バダンテール、ロベール（藤田真利子訳）『そして、死刑は廃止された』(作品社、2002)
三原憲三『死刑存廃論の系譜〔第 5 版〕』(成文堂、2003)
森達也『死刑』(角川文庫、2013)

第 7 章

池田修・前田雅英『刑事訴訟法講義〔第 4 版〕』(東京大学出版会、2012)
井戸田侃編集代表『総合研究＝被疑者取調べ』(日本評論社、1991)
河上和雄編『捜査のはなし』(信山社、1991)
田口守一『刑事訴訟法〔第 6 版〕』(弘文堂、2012)
松尾浩也『刑事訴訟法（上）〔新版〕』(弘文堂、1999)
松尾浩也『刑事訴訟法（下）〔新版補正第 2 版〕』(弘文堂、1999)
水野谷幸夫＝城祐一郎『Q＆A 実例取調べの実際』(立花書房、2011)

第 8 章

池田修『解説裁判員法──立法の経緯と課題〔第 2 版〕』(弘文堂、2009)
伊藤栄二「検察審査会法の改正について」(現代刑事法 6 巻 11 号、2004) 56 以下
落合義和ほか『刑事訴訟法等の一部を改正する法律及び刑事訴訟規則等の一部を改正する規則の解説（新法解説叢書 21）』(法曹会、2010)
酒巻匡ほか「座談会 裁判員裁判の現状と課題」(論究ジュリスト、2012 夏) 4
椎橋隆幸『刑事訴訟法の理論的展開』277 以下（信山社、2010)
柴田達雄ほか「座談会 検察審査会制度をめぐって」(ジュリスト 544 号、1973) 85
田口守一『刑事訴訟法〔第 6 版〕』169 以下（弘文堂、2012)
田宮裕『日本の刑事訴追 刑事訴訟法研究（5）』174 以下（有斐閣、1998)
寺崎嘉博「検察審査会の議決への法的拘束力」(現代刑事法 4 巻 11 号、2002) 39
三井誠『刑事手続法Ⅱ』36（有斐閣、2003 年)
三井誠「検察審査会制度の今後」(現代刑事法 7 巻 1 号、2005) 79

第 9 章
田宮裕＝廣瀬健二編『注釈少年法〔第3版〕』（有斐閣、2009）
団藤重光『刑法紀行』（創文社、1967）
ハワード，J.（川北稔＝森本真美訳）『十八世紀ヨーロッパ監獄事情』（岩波書店、1994）
平場安治『少年法』（有斐閣、1987）
フーコー，M.（田村俶訳）『監獄の誕生――監視と処罰』（新潮社、1977）
正木亮『新監獄学』（一粒社、1968）
諸澤英道『被害者学入門〔新版〕』（成文堂、1998）

第 10 章
大谷實『新版 刑事政策講義』（弘文堂、2009）
尾田清貴「少年事件を巡る保護観察の現状と課題」（日本法学74巻4号、2009）
刑事立法研究会編『更生保護制度改革のゆくえ――犯罪をした人の社会復帰のために』（現代人文社、2007）
法務省保護局編『更生保護便覧――わかりやすい更生保護2009』（日本更生保護協会、2009）
松本勝編『更生保護入門〔第3版〕』（成文堂、2012）

第 11 章
岩田正美『社会的排除――参加の欠如・不確かな帰属』（有斐閣、2008）
柏木千秋『刑法総論』（有斐閣、1982）
福原宏幸編著『社会的排除/包摂と社会政策』（法律文化社、2007）

第 12 章
宇沢弘文『日本の教育を考える』（岩波新書、1998）
太田堯『教育とは何か』（岩波新書、1990）
柏木惠子『子どもが育つ条件――家族心理学から考える』（岩波新書、2008）
国分一太郎『君人の子の師であれば〔復刻版〕』（評論社、2012、初版は1959）
デューイ，J.（宮原誠一訳）『学校と社会』（岩波文庫、1957）
ルソー，J.-J.（今野一雄訳）『エミール』上・中・下（岩波文庫、1962・1963・1964）

事項・人名索引

あ行

悪質商法……………………64
悪法………………………… 9
アムネスティ・インターナショナル…………………92
アルジェリア人質拘束事件
　……………………………59
アレインメント……………112
違憲立法審査権…………… 9
1号観察……………………160
一般改善指導………………140
一般遵守事項………………158
一般短期処遇………………143
一般予防……………………61
違法収集証拠の排除法則
　……………………………104
違法・有責の類型…………24
医療少年院…………………143
疑わしきは罰せず…………14
演繹的捜査法………………108
冤罪……………………14,81
応報………………………169
応報刑主義（応報刑論）
　………………………13,147
おとり捜査………………… 9

か行

解除………………………160
改善・更生・社会復帰……23
外部通勤作業………………140
確信犯人……………………61
拡張（拡大）解釈…………30
過失擬制説…………………42
過失推定説…………………42
過失犯処罰…………………25
過剰収容……………………141

可塑性…………………16,145
課徴金………………………45
家庭裁判所調査官……142,164
仮釈放…………141,155,157
仮釈放率……………………141
仮釈放率の減少……………141
仮出所………………………158
仮退院………………………157
仮退院者……………………158
科料…………………………136
カルネアデスの板………… 7
環境調整……………………156
寛刑化………………………145
観護措置……………………142
観察処分……………………57
監視付移転…………………54
慣習（習俗）……………… 6
企画調整保護司……………153
企業組織体責任論…………44
企業犯罪……………………36
起訴をすべき旨の議決の際の
　検察官の出席……………122
帰納的捜査法………………109
CAPIC（矯正協会刑務作業協
　力事業）…………………138
キャリア教育………………190
9・11アメリカ同時多発テロ
　事件………………………58
糺問的な捜査………………113
教誨師………………………140
協力雇用主…………… 155,178
緊急避難…………………… 8
禁錮…………………………136
禁止規範…………………… 8
愚連隊………………………52
刑事手続への市民参加制度
　……………………………118
刑事未成年…………………13

刑罰……………………16,21
刑罰による保護の適格性・適
　応性………………………25
刑罰による保護の必要性・不
　可欠性……………………25
刑罰の感銘力……………24,40
刑法の謙抑性・補充性の原則
　……………………………22
刑務官………………………140
刑務作業……………………136
刑務所………………………137
検挙…………………………60
検察審査会制度……………119
厳罰化………………………23
謙抑主義……………………63
故意犯処罰…………………25
行為規範…………………… 6
広域暴力団…………………53
公刑罰………………………72
絞首刑………………………90
更生……………………16,146
更生緊急保護……152,155,162
更生保護……………………152
更生保護サポートセンター
　……………………………153
更生保護施設………………154
更生保護女性会……………155
更生保護法…………………152
更生保護法人………………154
構成要件……………………24
公訴時効廃止………………98
交通三悪……………………20
交通短期……………………157
公的制裁……………………147
公徳心………………………195
公判…………………………198
公判前整理手続……………128
拷問…………………………103

拘留……………………136
勾留実体喪失説…………110
勾留取消しの請求………108
勾留理由開示……………108
国選弁護人制度…………115
個人主義……………………26
個人責任主義……………174
国家の刑罰権の限界………82
誤判……………………81,95
コントロールド・デリバリー
………………………………54

さ行

罪刑法定主義…22,30,63,148
財産刑……………………136
在宅試験観察……………164
再入院率…………………145
再入者率…………………142
裁判員……………………126
裁判員裁判対象事件……109
裁判員制度…………126,188
再犯予防論………………147
再非行率…………………145
作業………………………138
サリン………………………56
残虐な刑罰…………………90
三権分立……………………6
3号観察…………………161
参審制度…………………127
三罰規定……………………39
三無事件……………………55
死刑………………………136
死刑確定者…………………89
死刑執行の非公開原則……88
死刑執行命令………………88
死刑廃止条約………………92
試験観察…………………164
執行猶予…………………158
実体的真実主義…………102
指定弁護士………………125
私的制裁…………………147
児童自立支援施設………142
自白法則…………………104
司法権……………………188

司法取引…………………113
社会規範……………………5
社会的排除………………170
社会的包摂………………176
社会統制手段………………5
社会内処遇………………152
宗教…………………………6
就業支援センター………160
自由刑……………………136
私有財産制…………………27
終身拘禁刑…………………99
重要参考人…………107,109
就労支援…………………159
準拠集団…………………172
証拠裁判主義………………5
少年院……………………142
少年鑑別所………………142
少年刑務所………………145
条約改正……………………77
処遇勧告…………………157
処遇指標…………………138
処遇要領…………………138
贖罪意識…………………149
贖罪的機能…………………23
初等少年院………………143
初動捜査…………………108
自立更生促進センター…160
新学習指導要領…………194
人権尊重主義的要請…22,31
審査補助員制度…………123
真実義務…………………112
身体刑………………………96
心理矯正技官……………140
スティグマ…………………43
生活行動指針……………158
正義…………………………74
正義の回復…………………79
成文法主義…………………32
生命刑……………………86,136
赤軍派（日本赤軍）…55,56
責任………………………168
責任主義…………………168
責任能力……………………13
世間……………………12,172
接見交通…………………111

接見交通権………………104
全国指名手配……………107
せん動………………………55
専門的処遇プログラム…159
捜索願……………………106
捜査の密行性……………109
贈賄…………………………64
遡及処罰の禁止……………33
組織規範……………………6
組織的な犯罪の処罰及び犯罪
　収益の規制等に関する法律
………………………………52
組織犯罪……………………52
組織犯罪事件……………113
組織犯罪対策関連三法……57
組織防衛……………………60
組織モデル…………………44

た行

代罰規定……………………39
逮捕権の濫用……………110
竹内靖雄……………………75
タリオ………………………71
談合……………………13,64
男女の平等…………………6
団体…………………………52
団藤重光……………………80
地域生活定着支援センター
…………………………178
地下鉄サリン事件…………56
地区保護司会……………153
地方更生保護委員会
……………………141,152
駐在官制度………………156
中等少年院………………143
懲役………………………136
長期処遇…………………143
調書至上主義……………114
通信傍受…………………113
適正手続…………………102
敵味方刑法…………………63
デュー・プロセス…104,112
テロ対策関連三法…………58
テロ対策特別措置法………59

転嫁罰規定……………………39
伝聞証拠……………………104
同一事実の再逮捕……………112
同一視理論……………………43
道徳……………………………6
篤志面接委員………………140
特修短期処遇………………143
毒樹の果実理論………110,112
特別改善指導………………140
特別遵守事項………………158
特別少年院…………………143
特別予防………………………61
取調べ受忍義務……………113
取調べの可視化……………114

な行

永山基準………………………91
永山判決………………………91
2号観察………………………161
二重処罰………………………46
人間の尊厳……………………16

は行

陪審制度……………………127
破壊活動防止法………………55
博徒……………………………52
パターナリズム………………28
罰金…………………………136
ハムラビ法典…………………71
パロール……………………152
犯罪化…………………………26
犯罪結社罪……………………60
犯罪捜査のための通信傍受に
　関する法律…………………57
犯罪による収益の移転防止に
　関する法律…………………64
犯罪被害者基本法…………162
犯罪被害者等給付金…………76
反社会的集団…………………52
反対尋問………………………5
判例の拘束力…………………33
判例の統一性…………………32
判例の不遡及的変更…………33

判例の法源性………………32,33
判例変更………………………33
PFI…………………………138
被害者保護…………………147
非犯罪化………………………27
BBS会………………………155
BBS連盟……………………143
秘密の暴露…………………110
付加刑………………………136
復讐………………………70,73
復讐の防止…………………173
不定期刑……………………145
不法行為責任………………136
振り込め詐欺…………………60
不良措置……………………161
プロベーション……………152
分類処遇……………………158
別件基準説…………………110
別件逮捕勾留論……………109
ペナル・ポピュリズム………21
弁護権………………………104
法育…………………………186
法益……………………………77
法益の重要性…………………24
法解釈…………………………30
法源性…………………………32
法人重課………………………40
法人処罰規定…………………36
法人の犯罪能力………………40
法定刑………………………136
法的安定性…………………32,33
法の欠缺………………………30
法の適正な手続き……………63
防犯カメラ……………………64
法務教官……………………140
法律……………………………6
暴力団員による不当な行為の
　防止等に関する法律………54
保護観察…………142,152,177
保護観察官…………………153
保護観察の停止……………161
保護司………………………153
保護司法……………………153
保護処分……………………157
没収…………………………136

補導委託試験観察…………164
本件基準説…………………109

ま行

牧野英一……………………148
松本サリン事件………………56
マネー・ロンダリング………53
麻薬特例法……………………54
満期出所者の増加…………141
身柄拘束の蒸し返し………112
見込み捜査…………………109
民間資金等の活用による公共
　施設等の整備等の促進に関
　する法律…………………138
民事介入暴力…………………53
民事責任……………………136
民事不介入……………………53
民主主義的要請…………22,31
無期懲役………………………99
無差別大量殺人行為を行った
　団体の規制に関する法律
　………………………………57
無体財産権………………27,29
模擬裁判……………………189
黙秘権（供述拒否権）……104
戻し収容……………………161

や行

ヤコブス
　Jakobs, G.…………………63
有権解釈………………………32
抑止力…………………………94
予測可能性………………31,33
よど号ハイジャック事件……56
4号観察……………………161

ら行・わ行

ラートブルフ
　Radbruch, G.…………16,61
ラポール……………………114
良好措置……………………160
良好停止……………………160

両罰規定……………………37　類型別処遇………………158　令状主義潜脱行為…………110
リンチ………………………78　類推解釈………………30, 31　賄賂…………………………12

判例索引

大判昭和 6・12・3 刑集 10-682 ………… 168
最大判昭和 23・3・12 刑集 2-3-191 …… 80, 89
最大判昭和 30・4・6 刑集 9-4-663 ………… 90
最大判昭和 32・11・27 刑集 11-12-3113 …… 42
最判昭和 40・3・26 刑集 19-2-83 …………… 43
最大判昭和 48・4・4 刑集 27-3-265 ………… 17
最決昭和 50・5・20 刑集 29-6-177 ………… 18
大阪高判昭和 52・6・28 刑月 9-5＝6-334
　〔百選9版79事件〕……………………… 116
最判昭和 53・9・7 刑集 32-6-1672 ……… 104
最判昭和 58・7・8 刑集 37-6-609 ………… 91
最判平成 8・2・8 刑集 50-2-221 ………… 34
最判平成 8・11・18 刑集 50-10-745 ……… 34
最判平成 10・10・13 判時 1662-83 ………… 49
最大判平成 11・3・24 民集 53-3-514 …… 116
最決平成 11・12・16 刑集 53-9-1327 ……… 58
最決平成 12・2・24 刑集 54-2-106 ……… 32
最判平成 12・7・17 刑集 54-6-550 ……… 111
東京高判平成 13・2・8 判時 1742-96 ……… 50
最判平成 17・9・13 民集 59-7-1950 ……… 49
最決平成 19・7・17 刑集 61-5-521 ……… 64
東京高決平成 21・6・23 判時 2057-168 … 111
宇都宮地判平成 22・3・26 判時 2084-157 · 111
最大判平成 23・11・16 刑集 65-8-1285 …… 127
最判平成 24・2・13 刑集 66-4-482 ……… 131

編者・執筆分担

船山泰範（ふなやま　やすのり）……………………はしがき、第1章
日本大学法学部　教授

執筆者（五十音順）・執筆分担

岡西賢治（おかにし　けんじ）………………………………第3章
日本大学法学部　准教授

尾田清貴（おだ　きよたか）…………………………………第10章
日本大学法学部　教授

加藤康榮（かとう　やすえい）………………………………第7章
日本大学大学院法務研究科　教授

設楽裕文（したら　ひろぶみ）………………………………第4章
日本大学法学部　教授

清水洋雄（しみず　ひろお）…………………………………第2章
日本大学大学院法務研究科　教授

杉山和之（すぎやま　かずゆき）……………………………第11章
志學館大学法学部　専任講師

関　正晴（せき　まさはる）…………………………………第8章
日本大学法学部　教授

中村雄一（なかむら　ゆういち）……………………………第6章
東北学院大学法科大学院　教授

野村和彦（のむら　かずひこ）………………………………第9章
平成国際大学法学部　准教授

平野節子（ひらの　せつこ）…………………………………第12章
教育文化研究家

増井清彦（ますい　きよひこ）………………………………第5章
元　大阪高等検察庁　検事長

Next 教科書シリーズ 刑事法入門

2014(平成26)年2月15日 初版1刷発行

| 編 者 | 船 山 泰 範 |
| 発行者 | 鯉 渕 友 南 |
| 発行所 | 株式会社 弘 文 堂 　101-0062　東京都千代田区神田駿河台1の7
TEL 03(3294)4801　　振替 00120-6-53909
http://www.koubundou.co.jp |

装　丁　水木喜美男
印　刷　三美印刷
製　本　井上製本所

©2014　Yasunori Funayama. Printed in Japan
[JCOPY]〈(社)出版者著作権管理機構　委託出版物〉
本書の無断複写は著作権法上での例外を除き禁じられています。複写される場合は、そのつど事前に、(社)出版者著作権管理機構（電話 03-3513-6969、FAX 03-3513-6979、e-mail : info@jcopy.or.jp）の許諾を得てください。
また本書を代行業者等の第三者に依頼してスキャンやデジタル化することは、たとえ個人や家庭内の利用であっても一切認められておりません。
ISBN978-4-335-00210-6

Next 教科書シリーズ

■ 好評既刊

授業の予習や独習に適した初学者向けの大学テキスト

(刊行順)

『心理学』[第2版]　和田万紀＝編
定価(本体2100円＋税)　ISBN978-4-335-00205-2

『政治学』　山田光矢＝編
定価(本体2000円＋税)　ISBN978-4-335-00192-5

『行政学』　外山公美＝編
定価(本体2400円＋税)　ISBN978-4-335-00195-6

『国際法』[第2版]　渡部茂己・喜多義人＝編
定価(本体2200円＋税)　ISBN978-4-335-00211-3

『現代商取引法』　藤田勝利・工藤聡一＝編
定価(本体2800円＋税)　ISBN978-4-335-00193-2

『刑事訴訟法』　関　正晴＝編
定価(本体2400円＋税)　ISBN978-4-335-00197-0

『行政法』　池村正道＝編
定価(本体2800円＋税)　ISBN978-4-335-00196-3

『民事訴訟法』　小田　司＝編
定価(本体2200円＋税)　ISBN978-4-335-00198-7

『日本経済論』　稲葉陽二・乾友彦・伊ヶ崎大理＝編
定価(本体2200円＋税)　ISBN978-4-335-00200-7

『地方自治論』　山田光矢・代田剛彦＝編
定価(本体2000円＋税)　ISBN978-4-335-00199-4

『憲法』　齋藤康輝・高畑英一郎＝編
定価(本体2100円＋税)　ISBN978-4-335-00204-5

『教育政策・行政』　安藤忠・壽福隆人＝編
定価(本体2200円＋税)　ISBN978-4-335-00201-4

『国際関係論』　佐渡友哲・信夫隆司＝編
定価(本体2200円＋税)　ISBN978-4-335-00203-8

『労働法』　新谷眞人＝編
定価(本体2000円＋税)　ISBN978-4-335-00206-9

『刑事法入門』　船山泰範＝編
定価(本体2000円＋税)　ISBN978-4-335-00210-6